马静◎著

从家庭到共享

A Case Study of China O2O Shared Mobility Industry Institutional Entrepreneur

From Family to Sharing

——中国O2O移动出行行业制度创业研究

西南财经大学出版社

四川·成都

图书在版编目(CIP)数据

从家庭到共享:中国O2O移动出行行业制度创业研究/马静著.—成都:西南财经大学出版社,2021.9

ISBN 978-7-5504-4909-1

Ⅰ.①从… Ⅱ.①马… Ⅲ.①互联网络—应用—交通运输业—研究—中国 Ⅳ.①F512-39

中国版本图书馆CIP数据核字(2021)第110955号

从家庭到共享——中国O2O移动出行行业制度创业研究

Cong Jiating Dao Gongxiang——Zhongguo O2O Yidong Chuxing Hangye Zhidu Chuangye Yanjiu

马静 著

责任编辑:李思嘉

封面设计:墨创文化

责任印制:朱曼丽

出版发行	西南财经大学出版社(四川省成都市光华村街55号)
网 址	http://cbs.swufe.edu.cn
电子邮件	bookcj@swufe.edu.cn
邮政编码	610074
电 话	028-87353785
照 排	四川胜翔数码印务设计有限公司
印 刷	四川五洲彩印有限责任公司
成品尺寸	170mm×240mm
印 张	12.75
字 数	223千字
版 次	2021年9月第1版
印 次	2021年9月第1次印刷
书 号	ISBN 978-7-5504-4909-1
定 价	78.00元

前言

在中国O2O移动出行行业迅猛发展的背景下，本书重点研究该领域制度创业过程中制度逻辑的变迁，以及在该领域中制度逻辑如何通过分类塑造个体行为主体的认知，为行动者提供动机和身份的不同词汇表，从而影响制度创业的进程。

本书基于制度逻辑的理论视角，采用语言学话语分析的分析框架，探究了制度创业过程中，制度逻辑如何通过分类塑造个体行为主体的认知，影响人们对新制度的认知合法性的理解，从而推进制度的变迁。作为判断组织和个人行为合法性的重要依据，制度逻辑影响和改变行为主体对组织战略及身份的理解，而理解和认同依托的是认知系统。认知系统有文化要素，还有符号系统。词语、图片、信号、姿势都属于符号系统。个体关于世界内化的一系列符号系统构建了行为主体的认知，并在与客体的不断互动中产生和塑造意义。

本书在总结既有研究的基础上，以中国O2O移动出行行业制度创业为例，通过研究中国O2O移动出行行业的新词汇的分类词汇表，揭示行动主体认知的范畴化过程，从而探讨新制度认知合法性的变迁与制度演进的过程。

本书采集了从中国O2O移动出行行业兴起初期的2013年3月6日至初步稳定期的2017年11月12日120多家新闻媒体近60万字的新闻语料，采用语料库软件AntConc 3.2.0进行话语分析，对语料核心范畴的词汇词频、词汇索引定位、在新闻语料中的互文等进行了分析。

本书解释了新词汇产生的过程及变化的情况，展现了公共话语体系中认知的变化，探索了移动出行行业背后的制度逻辑及观念制度的变迁情况。本书还进一步揭示了中国O2O移动出行行业的多元制度逻辑的实质是从家庭到共享，或者从本质上说是从家庭逻辑到市场逻辑和社区逻辑的演进。

第 1 章引言。该章首先对本书的选题背景（中国 O2O 移动出行行业的发展概况、中国制度创业者在 O2O 移动出行业制度创业情况等）进行简单介绍，然后说明本书的理论意义、现实意义以及应用价值，最后对全书的主要内容进行概述，同时阐述本研究的理论创新之处，以及研究方法创新和研究视角创新等情况。

第 2 章文献综述。该章对制度创业、制度逻辑、组织场域、话语分析、分类范畴化等方面的现有研究成果进行梳理和述评，总结和选取本书的研究视角。

第 3 章中国 O2O 移动出行行业制度创业现状，详细梳理了中国 O2O 移动出行行业细分场域，对出租车移动打车市场、专车（快车）、顺风车（拼车）、移动租车市场、分时租赁、共享单车等几个方面进行了概括。

第 4 章研究设计和研究方法。该章采集了从中国 O2O 移动出行行业兴起初期的 2013 年 3 月 6 日至 2017 年 11 月 12 日来自中国 120 多家新闻媒体近 60 万字的新闻语料，采用语料库软件 AntConc 3.2.0 进行话语分析，梳理出了该行业新兴词汇的代表词汇表，并对得出的核心范畴词汇的词频、词汇索引定位以及其在新闻语料中的互文情况进行了分析。

第 5 章质性分析的结果。该章首先向读者展示了描述性分析的结果，即对文本数据进行描写；然后展示了第二维度分析的结果，即对文本数据进行阐释；最后结合社会背景，发掘了第三维度的分析结果。

第 6 章结论与讨论。该章梳理了本书的主要结论，讨论了研究的不足之处，以及对后续研究的建议。

马静

2020 年 5 月

目录

1 引言

1.1 选题背景

1.1.1 中国 O2O 移动出行行业的高速发展

中国人口众多，综合交通供需矛盾突出。国家从宏观战略上大力支持推进优化中国的交通运输体系。交通运输部于 2012 年 7 月 31 日发布的《交通运输行业智能交通发展战略（2012—2020 年）》正式提出了中国智能交通发展的总体目标。当时的目标是，2012—2020 年，基本形成适应现代交通运输业发展要求的智能交通体系，实现跨区域、大规模的智能交通集成应用协同运行，为民众提供便利的出行服务以及高效的物流服务，并在 21 世纪中叶实现中国的交通运输现代化。2013 年 3 月 7 日，国家发展改革委研究制定了《促进综合交通枢纽发展的指导意见》，该意见旨在解决该阶段中国综合交通存在的一系列问题，助力社会和国民经济发展，进一步构建便捷、高效的综合交通运输体系，便利广大民众的出行，从而提升国家竞争力。

在国家宏观战略的大力支持下，中国的智慧交通和车联网应用开始呈现爆发式增长，O2O 移动出行成为其中发展活跃的一个重要领域。在该领域，网约车、顺风车、共享汽车、共享单车、共享巴士等出行方式不断涌现，新的出行方式极大地便利了人们的生活，同时也极大地冲击着传统的交通行业。中国交通出行行业在各方力量的推动力之下，发生了深刻的变化，成为重要的经济增长领域。《中国分享经济发展报告 2020》显示，新型的共享性质的交通出行领域市场交易额在 2019 年已达到 2 700 亿元，2016—2019 年，网约车用户规

模从 22 463 万人上升至 40 512 万人，网约车用户在网民中的普及率由 32.3%
提高到了 47.4%。2019 年，网约车客运量占出租车总客运量的比重达到
37.1%，共享出行服务支出占城镇居民交通支出的比重已达到 11.4%。中国的
移动共享出行在 2010 年几乎为零，2010—2020 年实现了短时间内的迅速发展。

1.1.2 中国制度创业者高度重视 O2O 移动出行行业制度建设

中国 O2O 移动出行行业产生了众多细分领域，如出租车移动打车、专车
（快车）、顺风车（拼车）、移动租车、分时租赁、共享单车等。中国 O2O 移
动出行产生初期至今，各地区陆续出台了 O2O 移动出行方面的政策和意见，
积极管理和规范行业发展。早在 2014 年，国家交通运输部就对几大专车公司
进行了深入的调查研究，确定对网约车的发展进行鼓励。此后，又正式公布了
《交通运输部办公厅关于促进手机软件召车等出租汽车电召服务有序发展的通
知》，提到支持手机召车软件的发展。2015 年 10 月，交通运输部对外公布了
《网络预约出租汽车经营服务管理暂行办法》（征求意见稿）。次年 7 月交通运
输部又正式出台了《网络预约出租汽车经营服务管理暂行办法》，明确承认了
在中国网约车的合法性。中国随即成了国际上首个对网约车颁布全国性法规的
国家。随后，中国各地方政府也陆续出台了相关的网约车实施细则。虽然部分
地方的细则在一些具体要求，如驾驶员户籍、运营方地方许可、车辆牌照排量
与轴距等细节上过于苛刻，一定程度上限制了网约车的发展，但是这些苛刻要
求主要限于北京、上海等人口户籍政策收紧的城市。总体而言，网约车运营在
大部分中国城市发展顺利，中国管理者高度重视 O2O 移动出行行业制度建设，
并大力支持新业态的发展。2017 年 5 月 22 日，交通运输部出台了《关于鼓励
和规范互联网租赁自行车发展的指导意见》（征求意见稿），2017 年 6 月 1 日，
出台了《关于促进汽车租赁业健康发展的指导意见》（征求意见稿），再次规
范了共享单车和共享汽车行业的发展。和网约车不同的是，共享单车和共享汽
车的最终办法在征求意见稿出台后不到三个月的时间，就下达了正式意见。分
别是：2017 年 8 月 3 日，交通运输部发布的《关于鼓励和规范互联网租赁自
行车发展的指导意见》和 2017 年 8 月 8 日，交通运输部发布的《促进小微型
客车租赁健康发展指导意见》。新规的不断出台体现了中国政府层面的管理者
对 O2O 移动出行行业制度建设的高度重视。

就企业层面而言，大量的新兴企业不断涌现，企业是 O2O 移动出行行业

应用制度的实践者和开拓者。新的交通出行方式受益于全球定位系统、地理信息系统技术及遥感技术（location-base-services，LBS）的发展。更便利的服务备受民众欢迎，并被大范围、高频率地使用。民众的青睐进一步推进了技术的进步和完善。新技术为移动出行创造了多种可能，如地图的实时定位可实现最佳道路匹配，推荐和确定拼车路线等。新技术还不断促使移动出行企业发布配套的制度来实现和完善相应的服务。例如，企业在制度创业的过程中，一直在探索如何建立信用评价系统来规范用户行为；如何进行用户身份验证；如何规范评分系统；如何与官方征信机构合作，更加行之有效地鉴别和管理用户信息；如何推进平台安全保障与保险制度，以保障使用者的安全，在发生事故时如何进行理赔；等等。在汽车分时租赁领域，企业在如何处理消费者违章停车、交通违规，如何明确责权等方面进行着广泛的制度创业。在共享单车领域，企业在如何规范和优化共享单车的车锁使用制度和在短信开锁、GPRS 开锁、蓝牙开锁和窄带物联网开锁等方面进行着广泛的制度创业探索。

总之，中国 O2O 移动出行行业的监管部门及企业均在各个方面进行着广泛的制度创业。但是，作为一种新生事物，移动出行行业发展变化快，法律法规和企业制度相对滞后。此外，移动出行行业不仅跨地区，而且跨行业，与数量庞大的行业性、地区性法规产生了较多的冲突，相关的制度建设问题较多、难度较大、亟待解决。

1.1.3 学术界的研究不足

1.1.3.1 对制度理论的研究不足

通过文献回顾，本书发现，Thornton 等（2008）提出，制度逻辑影响行为主体的行为存在四种机制。其中的一个机制是，社会分层和分类可以影响行为主体的认知，特定的制度逻辑和制度安排可以产生特定的分类方式。然而，Thornton 等的理论仅仅停留在设想的阶段，并没有进行具体的理论演绎和进一步的论证。本书将通过引入语言学范畴化的有关理论，梳理中国移动共享出现行业的新的概念范畴和分类，并进行不同维度的语言学分析，对制度逻辑通过分层和分类影响行为主体认知的具体模式进行详细的阐释，弥补现有理论的不足。

1.1.3.2 对共享经济的研究不足

共享经济的蓬勃发展是 O2O 移动出行行业高速发展的宏观背景。学术界关于共享经济的研究主要是从文化的视角、草根社会创新的视角、社会整合的视角、生活风格运动的视角、社会区隔的视角以及治理模式的视角等一些社会学视角进行分析。本书以语言学范畴化的视角，研究中文中词汇范畴化以及背后的制度逻辑变迁，同时以其他社会学视角进行补充。

共享经济在中国面临一系列本土性问题，因此也很有必要结合中国的社会、制度和文化情境，对中国的共享经济进行研究。因而，本书在这一方面进行了尝试。

1.1.3.3 对中国 O2O 移动出行行业研究不足

当前，中国关于 O2O 移动出行的研究还停留在探索阶段，主要集中在移动出行行业行政法规和制度、移动出行市场的消费者购买意愿的影响机制、互联网信任安全、共享单车的经营性质、案例研究 SWOT 分析、O2O 平台的竞争策略、出行 O2O 的商业模式、发展战略、民事法律问题、用户行为等方面。从已有研究来看，中国 O2O 移动出行行为研究才刚刚起步，没有系统性的理论研究，调查方法相对单一，多为对研究对象的解释性分析。

1.2 研究意义

1.2.1 理论意义

本书对制度三大要素的文化—认知要素构建进行了探索性的研究，以期弥补对文化—认知制度要素的研究不足，特别是中国语境下的文化—认知要素，具有一定的理论意义。本书拟以语言学范畴化的视角，研究共享观念、中文中词汇范畴化以及背后的制度逻辑变迁，拟以其他社会学演进视角进行补充。本书还探索了对制度逻辑研究的新方法。本书将管理学理论和语言学理论结合起来，丰富和发展了制度理论。通过梳理，本书发现，话语分析是一个分析制度逻辑的有效的定性分析方法。因此，本书拟采用话语分析的方法对制度逻辑进行分析，深化对制度创业过程中制度逻辑的动态演进过程的理解。话语分析方法为管理研究提供新的分析思路和分析技术，会提高对组织现象的解释力度，促进新的管理理论的构建，用这种方法进行管理研究也有重要的理论意义和价值。

1.2.2　应用价值

移动出行行业方兴未艾，中国的移动出行行业迅速发展。中国大力发展"共享经济"，倡导利用社会的闲置资源，为更多有需要的人提供服务，在资源利用效率最大化的同时创造更多价值。在中国，出行领域成为共享经济发展最为活跃的领域之一。共享单车、共享汽车、顺风车、网约车、分时租赁、共享巴士以及传统的经营性租车业务转型，这个行业正在经历着巨大的变革，发展的速度令人惊讶，这与中国庞大的人口数量和特殊的国情密不可分。新的行业发展需要相关的研究，对现有实践进行梳理，并对未来实践进行指导。本书详细梳理了中国移动出行行业的细分领域及其发展情况，具有很强的应用价值。

此外，本书自行建立了中国移动出行行业新闻话语的小型语料库。本书内容涵盖 2013 年年初至 2017 年年末来自中国 120 多家新闻媒体近 60 万字的新闻语料，为未来他人大规模的实证研究，提供语料和数据支撑，填补了中国学界在这一方面的空缺。

1.3　研究内容

通过梳理已有研究，借鉴前人研究成果，本书将使用话语分析这一语言学分析方法来分析以下问题：

根据现有的研究，制度逻辑的变化会导致新分类的产生或改变已有分类的具体涵义。那么，第一，中国 O2O 移动出行行业制度创业高速发展，其背后的制度逻辑如何变化？第二，中国普遍倡导的共享概念如何通过分类塑造个体行为主体的认知，从而影响认知合法性，推进制度变迁？第三，在观念制度变迁的视域下，中国 O2O 移动出行行业场域变革的进程怎样？笔者期望通过本书分析和解释以上问题。

1.4 创新之处

1.4.1 理论创新

通过文献回顾，本书发现在制度创业过程中，制度创业者的一个中心任务是构建文化—认知合法性，使得某种制度创业成为被大众广为接受的社会事实。这种与文化—认知相契合的状态，必须以一种外部可见的介质展示出来，而直接的展示介质便是符号系统，即图片、姿势和人类语言等。

从某种意义上讲，语言是社会选择的结果，制度创业者选择了某种词汇、某个语法结构来表达意向时，实际上折射了这种选择背后的社会背景，展示了对经验世界的一种编码方式，描绘了文化—认知合法性的构建过程。

管理学界多采用定量的方法对制度的要素进行研究，而量化研究对制度的文化—认知要素研究存在明显的缺陷，难以发现制度创业行为背后的共同理解、共同信念和共同行动逻辑。本书引入了语言学范畴化的有关理论，通过分析人类对新的范畴进行分类的心理过程，来揭示文化—认知合法性的形成机制，从而发掘制度创业背后的制度逻辑，实现了跨学科理论的融合与创新，具有重要的理论意义和价值。

1.4.2 研究视角创新

关于共享经济的若干社会学研究视角如表 1.1 所示。

表 1.1　关于共享经济的若干社会学研究视角

视角	研究重心	主要观点
文化的视角（Botsman & Rogers，2010；Richardson，2015）	分享经济的社会动因	分享经济或协作消费是对消费主义生活方式所造成的资源浪费和环境问题的一种文化反弹，以及相应的经济实践上的修正。人们从事分享经济，是在实践环境保护、资源节约和可持续发展的价值观。计算机、互联网技术的发展，使得人们之间的联系得以直接发生，互联网具有把资源众包出去的能力。在某种程序上，分享经济是这种赛博文化的一部分，赛博文化解构了产权作为个体化和隔离的观念

表1.1(续)

视角	研究重心	主要观点
草根社会创新的视角（Martin & Upham，2015）	分享经济的社会动因	草根群体位于主流和市场经济之外的位置，使得他们有足够的动力提出激进的转型路径并奉行边缘化的价值、组织形式和制度逻辑，以及激进的分享价值和转型路径
生活风格运动的视角（Haenfler et al.，2012）	分享经济的社会动因	生活风格选择是一种促成社会变化的策略；个人的认同营造在这种运动中扮演了中心角色；生活风格运动具有一种弥散的结构；集中在培养一种道德上连贯的、个人自我满足的生活风格和认同上，而不是对国家或社会结构提出直接的挑战
社会整合的视角（Felson & Spaeth，1978；Belk，2014）	分享经济的社会后果	起源于涂尔干所提出的社会团结视角。分享经济或协作消费的一个社会后果是强化了社区成员的社区感，加强了社区的团结和整合。分享并不仅仅限于家庭内部或内群体的分享，也可以扩展到外群体，分为内部分享和外部分享。分享经济带来了社会整合的效果
社会区隔的视角（Schor et al.，2016）	分享经济的社会后果	协作消费或分享经济中的开放性与区隔性的矛盾：分享经济平台往往宣称自己是开放性的，但实际上参与分享经济的人们却借助文化资本的匹配性而导致社会区隔
治理模式的视角（Hartl et al.，2016）	分享经济的社会后果	分享经济是一种不同于主流商业模式的"颠覆性创新"，必然在某些方面形成与传统商业模式的利益冲突。由于是新生事物，难免出现治理空白。从社会群体和组织的特征提出相对应的治理模式

注：根据王宁2017《分享经济研究中的社会学分析视角》整理。

　　鉴于制度逻辑的特点，定量的测量方法存在一定的局限性。本书拟采用语言学的分析方法，有相关的理论支撑，更具有技术手段的创新性；话语分析方法为管理研究提供新的分析思路和分析技术，会提高对组织现象的解释力度，促进新的管理理论的构建。用这种方法进行管理研究也有重要的意义和价值。

　　共享经济的蓬勃发展是O2O移动出行行业高速发展的宏观背景。学术界关于共享经济的研究主要是从一些社会学视角，如文化、草根社会创新、社会区隔、生活风格运动、社会整合以及治理模式等相关视角展开。文化的视角从分享经济行为参与者的文化动机入手进行分析，如反消费主义价值、环境保护的价值和共享性价值。草根社会创新视角研究边缘草根群体，这些群体通常处于市场或主流经济以外，这些草根群体往往通过提出激进的转型路径从而促使分享经济的异军突起。生活风格运动视角则从个体日常私人生活的角度来看待社会变迁，尝试把社会风格和宏观的群体社会运动结合起来。而个人日常风格的改变会引起价值性公共目标的改变，从而促进分享经济的发展。社会整合视角则从社会团结的层面，探讨分享经济带来的社会整合效果。基于布迪厄的观点，社会区隔视角关注分享经济里社会区隔的后果。此外，治理模式的视角分析不同的治理模式，通过针对不同的社会群体和不同的社会组织特征。

分享经济在中国有着独特的发展路径，有必要结合中国的社会、制度和文化情境，对中国的分享经济的研究。本书采用语言学范畴化的视角，研究中文中词汇范畴化以及背后的制度逻辑变迁，具有研究视角上的创新性。

2 文献综述

2.1 制度创业研究综述

制度创业这一理论的提出，主要用来帮助解释"制度从何而来"这一问题，而制度创业指对某一制度安排有偏好的行动主体，由于认识到所偏好的制度形式对自身具有潜在利益，因而通过调配资源，推广新制度形式获广泛认同所需要的规则、行为模式、信念与价值观，来创造新制度或改变现有制度所进行的活动（Maguire et al., 2004）。制度创业理论是新制度学派中的重要理论，最早由 DiMaggio（1988）在 *Interest and Agency in Institutional Theory* 中首次提出。此理论提出后，对制度创业的研究在国内外迅速发展起来。

制度创业研究主要关注制度创业的动因，制度创业的主体，制度创业的过程和制度创业的效果。

2.1.1 制度创业的动因

目前，有关学者主要从场域内部和场域外部两个角度来探究制度创业产生的动因，而组织场域被分为新兴场域和成熟场域（Fligstein, 1997）。一些学者（Fligstein & Mara‐Drita, 1996；Hargadon & Douglas, 2001；Wijen & Ansari, 2007；Wang & Swanson, 2007）认为，制度创业的动因来自场域外环境，如经济与政治危机，环境危机，信息与技术创新等。另外，一些学者（Rao, 1994；Déjean et al., 2004）则从环境压力的作用与制度创业者的主观能动性两者结合，探讨场域内部的制度创业动因。

Seo 和 Creed 于 2002 年完成的研究认为，场域内部的制度矛盾对行动主体的意识及行动都具有塑造作用，比如制度和环境需相互适应所产生的矛盾，制度的合法性和制度的效率之间的矛盾等。这些矛盾能够调动行动主体的能动性，增强行动者的变革意识，从而促使行动主体主动克服制度规则和制度逻辑的约束，进而进行变革制度的活动。除此之外，学者们还探讨了哪种场域更有可能发生制度创业的问题（Fligstein，1997）。Maguire 等（2004）认为，新兴场域更容易产生制度创业，因为新兴场域的结构化程度低，对创业的限制相对较少，创业的收益却很高，创业的空间更为广阔。然而，Beckert（1999）却认为，成熟场域更容易产生制度创业，因为程度场域的制度化程度比较高，场域内部存在的利益分歧也比较大，制度创业者更容易预见制度创业行为将会产生什么样的结果，也更容易预见与制度创业相关的利益方将会产生什么样的反应。Dorado（2005）颠覆了这两种截然相反的观点，并提出，当制度化程度处于中等水平时，组织场域会有更多透明的机会，因而这种情况下，才更有可能发生制度创业。

2.1.2 制度创业的过程

国际上关于制度创业过程的研究已经有相当的数量。制度创业的过程被认为是制度创业行动主体争取新制度合法性的过程机制，也就是，制度创业者如何实现自身的创业主张，构建新的制度逻辑。当然，这一过程需要一系列的策略去影响众多的利益相关者，才能达成制度创业的结果（Battilana et al.，2009）。根据已有的研究，制度创业的过程在成熟场域分为沉淀不稳、去制度化、前制度化、理论化、扩散化、加强制度化六个阶段（Greenwood et al.，2002）。然而，制度创业的过程在新兴场域被分为理论化、扩散化、制度化三个阶段（Maguire et al.，2004）。基于不同视角的研究者对制度创业机制的认识不尽相同，成熟场域制度创业过程研究呈现多元化态势，各种不同的模型被提出，比如 Greenwood 等在 2006 年提出的中心场域位置模型，以及 Misangyi 等在 2008 年提出的边缘场域位置模型。

Greenwood 等（2006）提出的中心场域位置模型认为有利的场域位置和明显的制度矛盾这两个因素驱动着制度创业的发生。首先，处在不同的场域位置意味着制度创业者所遭遇的矛盾程度不同，处在成熟场域中心，边界桥梁处或边界错位处的精英组织更容易进行制度创业，因为他们将更容易发现现有制度的不平衡之处，更容易发现切实可行的新制度方式。其次，现行的制度矛盾往往意味着现有资源的分配不均以及现行利益的普遍失衡,这些矛盾会促使新的或者替代的制度逻辑在场域成员中公布和扩散。而处于有利场域位置和善于发现制度弊端的精英组织可以利用手中的权力动员集体,最终促成制度的变迁。Greenwood 等人整合的是一个成熟精英制度创业的过程,他们选取了加拿大的五所会计师事务所,探讨了这些事务所如何将新的混合精英模式引入到之前已经十分成熟的会计师事务所组织结构中。

Misangyi 等(2008)提出了边缘场域位置模型,该模型则认为处于场域边缘位置的制度创业者更容易进行制度创业。制度变迁过程中,制度创业者需要消除先前制度逻辑的影响,而处于场域边缘的制度创业者由于处于较低的地位,不能从当前制度中受益,往往不满于现行制度,是现行逻辑的挑战者,所以制度变迁往往是场域边缘的制度创业者、资源和制度逻辑三者之间互动的结果。此外,Misangyi 等(2008)认为制度创业者的主要制度创业行动分为四种,分别为创造新的制度逻辑、探寻制度创业所需要的资源、充分了解现行制度逻辑的状况及其对应的支撑资源、界定新的制度逻辑边界。此外,创造新的集体身份也是制度变革的一个重要途径。通过为行动主体创造新身份,可以改变制度逻辑。行动主体通过诊断、预知、激励可以创造新的集体身份,并使制度创业变革合法化。新兴场域制度创业过程研究的一部经典之作是 Maguire 等(2004)关于加拿大促进艾滋病治理组织的案例研究。该研究认为,在新兴场域进行制度创业,必须与处于场域中心位置的利益相关者建立友好关系,从而获得更为广泛的合法性,同时通过说服及政治策略来对新的实践活动进行必要的理论化,把新的实践活动与利益相关者的惯例、行为和价值观联系起来,进而巩固新制度。也就是说,制度创业仍需与拥有处于场域中心位置的实际权力拥有者结盟,从而使制度创业者获得主体地位。新制度确立最终是制度创业者与利益相关者博弈后深度合作的结果。此外,此前的研究还涉及制度创业的策略,包括文化策略、社会网络策略、理论化策略、话语策略等。这些策略在制度创业的过程中起到了重要的作用,并最终帮助制度创业者完成相应的制度创业过程。

2.1.3 制度创业的效果

制度创业的效果探讨制度创业最终带来了什么样的结果,即制度创业的外部效应。制度创业使组织或社会收益,则为正外部性。制度创业使组织或社会受损，则为负外部性。特别是对于非营利组织而言，他们开展制度创业活动并不以营利为目的，而是为了社会的总福利。例如，Wijen 等（2007）研究了《京都议定书》这一制度创业的效果，发现该制度明显减少了温室气体的排放，缓解了环境危机，改善了人类社会的总福利，具有将为显著的正外部性。Hiatt 等（2009）考察了美国的禁酒运动，该运动由美国的非营利组织基督教妇女禁酒联合会（WCTU）发起，主要告诫人们不要酗酒，并推动关于禁酒的法案获得立法。然而，与此同时，该项禁酒运动无意中推动了百事可乐等无酒精饮料企业的发展。因此，该项制度创业具有双重外部性的特征。而企业等营利组织进行制度创业的目的是营利，而为了营利而从事的制度创业活动最终可能导致相应行业的转型升级，因而，可能会带来潜在的外部经济。为推广电力照明系统而进行的制度创业，最初也是企业以营利为目的的行为，但是该行为大力推动了照明行业的发展，促成了其技术升级的完成（Hargadon & Douglas，2001）。制度创业也存在负的外部性，例如巴基斯坦限制雇用童工的制度，造成了巴基斯坦众多家庭收入大幅减少、女性压力增大，作为该项的制度利益相关者的普通劳动者的利益并没有得到切实保障，由于很多因素没有被考虑进去，制度创业的效果违背了制度创业的初衷（Khan et al.，2007）。

2.2　制度逻辑研究综述

逻辑是社会共享并深深印在人们脑海中的假设和价值观。逻辑会形成固定的认知框架，也是衡量行为主体合法性的标准。制度逻辑是指社会层面的文化、信仰和规则。制度逻辑能够塑造行为主体的认知及行为（Dunn & Jones，2010）。

制度逻辑研究的兴起基于传统新制度理论的局限性。制度同构导致组织行为趋同化是传统新制度理论的一个重要基石。20 世纪 70 年代，Meyer 等（1977）提出一种制度分析方法，这种方法强调文化规则和认知结构在制度分析中的重要作用，认为现代化可以合理化组织场域内很多理所应当的规则，从而导致同质化倾向。也就是说，组织必须遵从外部环境关于合法性的要求，调整自身的行为模式，从而适应组织场域的主导制度要求。Dimaggio 和 Powell（1983）发展了 Meyer 等关于同质化倾向的理论，并将其从社会层面拓展至组织领域。他们提出强制性同构、模仿性同构和规范性同构三种不同的制度同构机制。然而，此时新制度理论中制度逻辑被默认为单一的，单一主导的制度逻辑塑造着组织行为，制度架构被默认为是稳定的，组织行为也趋于同构化，因而，组织异质化的问题无法得到合理解释。制度逻辑理论在新制度理论的基础上，对组织趋同现象进行了更为深入的解释。制度逻辑塑造或决定了组织环境中的运行规则，以及人们看待事物的一系列假设（Dunn & Jones，2010）。

2.2.1 制度逻辑观的提出

在这样的背景下，制度逻辑的相关研究应运而生。制度逻辑这一概念最早是指资本主义、国家官僚政治和民主政治之间的矛盾实践和信仰，是现代西方社会制度所固有的。1985 年，Alford 和 Friedland 将这一概念引入社会学研究。1991 年，其又被引入组织行为研究。Alford 和 Friedland 进一步发展了在广阔社会背景下个人、组织和社会的相互关系的理念，把制度看成根植于物质实践和符号系统的超组织层面的模型，个人和组织生产和再生产着他们的物质生活，并使他们的经验变得有意义。不同于个人主义、理想选择理论和宏观结构视角，制度逻辑观认为存在一个核心逻辑来主导组织原则，为社会行动者提供动机和自我认知的词汇表。后来，Haveman 和 Rao（1997）、Thornton 和 Ocasio（1999）等学者引入制度逻辑、制度多元性等概念来重新界定了制度的意义和内涵。Thornton 等于 1999 年研究了美国高等教育出版业的制度变迁。在该行业的制度变迁中，主导的制度逻辑由编辑逻辑转向市场逻辑。在 Thorntan 等的研究中制度逻辑被界定为社会构建的，关于物质实践、假定、价值、信仰和规制的历史模式，基于该种模式个人产生或再生产物质生活资料，组织时间和空间，并为社会实在提供意义。根据这一定义，制度逻辑整合了结构、规范和符号三种制度的必要维度。2000 年 Scott 等出版了 *Institutional Change and Healthcare Organizations：From Professional Dominance to Managed Care* 一书，该书研究了医疗组织内专业逻辑到市场逻辑对医疗保健系统的影响。根据 Thornton 等（2008）的观点，以上这些研究标志着制度逻辑作为一种新的研究思路正式被引入制度分析领域。Greenword 等在 2008 年编写了一部专门论述组织制度化的文集。在这部文集中，Thornton 和 Ocasio 阐明了制度逻辑理论与新制度理论之间的区别，说明制度逻辑理论是一种元理论。他们认为制度逻辑思想一方面秉承了 Meyer 和 Rowan 关于文化规则和认知结构塑造组织结构的思想，另一方面又与他们的思想有很大的区别。制度逻辑理论不再关注世界体系、社会和组织层面的同构问题，而是关注在广阔的社会背景下差异化的制度逻辑，如市场、行业、组织人群中如何对个人和组织行为产生影响。在制度逻辑塑造理性行为的同时，个人和组织行动者也在塑造和改变制度逻辑。Meyer 等（1997）强调社会同构的宏观层面，而 Zucker（1997）和 Dimaggio 等（1997）则强调组织场域同构的微观层面，制度逻辑理论为两者之间搭建了桥梁，从更为广阔的环境视角探讨制度问题（Thornton & Ocasio，2008）。2012 年，Thornton 等共同完成了第一部论述制度逻辑的专著，书名为 *The Institutional Logics Perspective：A New Approach to Culture，Structure，and Process*，并在该书中全面综述和评介了制度逻辑观，介绍了制度逻辑有关的研究成果。在 2013 年度国际管理学年会上，该书获得了乔治·特里图书奖，至此，制度逻辑理论得到了国际管理学界的广泛认同。

2.2.2 制度逻辑理论的五个基本原理和假设

制度逻辑理论的五个基本原理和假设由 Thornton 等在 2008 年提出，这五个基本原理和假设分别是嵌入式能动、交互制度系统、物质与文化要素、多层次性和历史权变性。

第一，嵌入式能动。制度逻辑理论认为，个体和组织的兴趣、认同、价值观和设想通常被嵌入在主导的制度逻辑之中，决定和结果的达成是个人代理和组织结构相互作用的结果。个人和组织行动者会寻求权利、身份、经济优势，而他们的利益、能动手段和结果均受到主导制度逻辑的使能和约束，这一假设被称之为嵌入式能动，它有别于强调个人利益的制度理性选择视角以及结构塑造行动的宏观结构视角。制度逻辑理论试图解释新制度理论"嵌入式能动"的悖论，主体不光被制度中的认知框架和规制规范所约束，嵌入在制度中，而且也能打破制度的限制从而开展新的实践活动。因为制度是社会构建的，这种社会构建自然受到行动主体能动性的影响，个体与组织不仅是嵌入在制度中，也与制度之间存在能动关系（Thornton & Ocasio，2008）。

第二，交互制度系统。要在广阔的背景下定位行为，需要理论化一个涵盖广泛社会部门的交互制度系统，在这个系统里，存在着一系列关于社会关系和人类组织行为的不同期待。Friedland 和 Alford（1991）认为西方社会的制度秩序有五种，分别是基督教、官僚政治、资本主义市场、民主和核心家庭。而这五种制度秩序分别有着自己的制度逻辑。Scott 等在 2000 年，研究了医疗领域的制度逻辑，包括市场逻辑、民主国家逻辑和专业逻辑。Thornton 在 2004 年，通过一系列的实证研究将这五大类重新分为了六大类，即市场、企业、专业、政府、家庭和宗教，并认为社会是交互制度系统，可以更好地解释为何存在行为的异质性和能动性问题。制度逻辑之间存在矛盾冲突，行动者选择不同的制度逻辑，于是在社会内部，组织行为产生异质性。不同的制度逻辑多重影响行为主体，带来矛盾冲突，并产生互动与交互的制度体系。不同的制度秩序、组织原则和行为逻辑并没有先验的优劣之分，不同的制度逻辑都应该被重视。先前习以为常的关于组织研究的构念并不都是中性的，而是交互系统中相互塑造的。此外，世界体系方法论并不仅仅来自理性主义，而是有多种来源（Thornton & Ocasio，2008）。

第三，物质与文化要素。制度逻辑理论认为，制度秩序有文化和物质两种要素（Friedland & Alford，1991）。物质和文化两个要素相互影响和共同作用，制度变迁是这两者共同作用的结果。例如，市场秩序，除了具有物质特征，还有文化特征，并受社会关系网络和社会结构的影响（Thornton & Ocasio，2008）。要想实现制度化，必须达成集体意义。所有物质实践必须通过象征的方式来表达意义和进行传播。包括制定异质性和理论化均需借助象征手段的意义表达（Thornton et al.，2012）。只强调技术资源、组织竞争、市场机制等物质要素，而忽略社会因素的作用，是无法解释很多个体行为与组织结构现象的（Friedland & Alford，1991）。制度逻辑观整合了文化认知等象征领域的问题和物质性的问题，探讨了文化如何塑造行为主体的行为。不同的制度逻辑相互冲突，彼此兼容，而这种状态影响着行动者的行为（Thornton et al.，2012）。

第四，多层次性。行动主体嵌入在社会、组织、场域等多个层次之中，制度在这种多元层次里运行制度逻辑理论关注制度化发生的不同层次，如制度场域与社会层次、组织与制度场域层次、个体与组织层次、个体与个体层次等，探讨在不同的层次中的不同影响，或者跨层次交错的影响（Thornton & Ocasio，2008；Thornton et al.，2012）。

第五，历史权变性。制度具有历史权变性。一段时期内对组织和个人影响较大的制度逻辑，在下一个历史时期可能退居次要位置，变成影响较弱的制度逻辑。例如，在西方社会中，早期家庭逻辑和宗教逻辑对制度的影响较为深远，随后，市场逻辑更受行动者关注（Thornton & Ocasio，2008；Thornton et al. 2012）。再比如，Dunn 和 Jones（2010）对美国医疗教育行业的研究显示，在整个组织场域的发展历程中，重视医疗的逻辑与医疗科学逻辑相互重叠、冲突和替代，人类受科学逻辑和保健逻辑的影响在不同阶段情况不尽相同，早期人们认为有病才需要治疗，秉承科学逻辑，后来，人们越来越重视保健预防，认为这种观念更可取。这构成了在该组织场域中制度逻辑的复杂演进过程。总之，历史权变性帮助研究者更准确地解释在不同时期，行动主体行为差异的深层原因。

2.2.3　制度逻辑影响组织和个体行为的四种机制

Thornton 等（2008）认为，制度逻辑影响组织和个体行为存在着四种机制，这四种机制能够帮助解释组织和社会差异性问题。

第一，集体身份认同。制度逻辑可以塑造组织和个体的群体特征。行动主体共同认同某一群体身份、组织身份、种族身份时，这种集体身份便会对组织或个体产生影响（Thornton & Ocasio，2008；Lock，2010）。Souitaris 等（2012）对风险投资行业的研究显示，风投企业实际遵守着不同的制度逻辑，它们更认同职业经理人身份还是投资伙伴身份，会影响企业采纳不同的组织结构，即机械式组织结构还是有机式组织结构。

第二，社会分层和分类。不同的分层和分类会影响行为主体的认知。特定的制度逻辑和制度安排产生特定分类方式，而一旦制度逻辑发生变化，又会产生新的认知和新的分类，或者改变了原有分类的内涵意义（Thornton & Ocasio，2008）。例如，中国从计划经济转向市场经济时，原来关于人事部门的分类产生了新的变化，人事部门的功能也随之改变，产生了市场部门、人力资源管理部门等。

第三，组织决策者的注意力配置。制度逻辑通过改变组织决策者的注意力分配来影响组织和个体行为。制度逻辑提供一系列的价值标准，如哪些议题更具有合法性、更具有关联性、更为重要，这些价值标准和价值判断会改变决策者的注意力，从而改变组织和个体的行为。同时，制度逻辑还通过改变决策者的兴趣和认同，来影响决策者的行为动机（Thornton & Ocasio，2008）。

第四，权利与身份的争取。不同的制度逻辑塑造了行为主体关于自身权利和身份的不同认知。行动者的不同认知会影响他们对于自身权利的争取，继而进一步强化影响他们的主导逻辑（Thornton & Ocasio，2008）。

2.2.4 多元制度逻辑下的制度创业研究综述

制度逻辑理论为制度创业研究提供了新视角。笔者通过文献梳理发现，目前的制度逻辑研究重点集中在组织合法性和制度创业领域。而早期的制度理论、制度变迁与制度化研究为后来的制度逻辑研究提供了前提和基础。

早期，Oliver（1992）在其论文 *The Antecedents of Deinstitutionalization* 中整合了一系列因素阐明了组织去结构化的前提，这一系列因素影响组织行为的环境，组织行为很容易被耗散、排斥和更换，而并非传统制度理论认为的文化具有持久性影响。Fligstein（1997）认为制度创业者的一项重要社会技能是促进合作，在不同的组织场域中，制度创业者促进其他行动者合作的作用不尽相同，行动者在制度理论中起着重要的作用。Seo 等（2002）认为制度矛盾和人类实践这两种因素相互作用、动态互动产生了制度变迁，而整个人类社会处于一个矛盾的制度之中，这种矛盾制度是多层次的、互不相容的，但又是整体的。Greenwood 等（2002）从合法性变革的视角探讨了制度变迁的过程，并通过在行业协会的角色变化来进行了说明。Maguire 等（2004）对加拿大促进艾滋病治理组织进行了案例研究，提出了制度创业的三大关键活动，研究了在新兴场域进行制度创业，为随后的制度创业研究提供了理论依据。Glynn 等（2005）则探讨了制度逻辑如何影响绩效评判过程以及如何影响绩效评价话语，案例选取是亚特兰大交响乐团的绩效评估。Battilana 等（2009）认为，制度创业过程是制度创业者借助一系列策略来实现自身创业主张并构建新的制度逻辑的过程。在这一过程中，新的制度被创造出来，或者现有制度转化为另一种制度，而在这一过程中率先打破旧制度束缚和推行新制度的行动者便是制度创业。Battilana 等的观点重点突出了被传统新制度理论忽略的变革。研究制度创业的学者对传统新制度理论的一项质疑便是关于组织场域中组织行为趋同的问题。他们认为，如果组织行为趋同，率先打破既有制度束缚的个人和组织又缘何产生呢？

部分学者认为，最有可能成为制度创业者的是同时接触多种制度逻辑并认同多种制度逻辑的个人或组织。Leblebici 等（1991）研究了美国传媒业的案例，发现在美国传媒业中电视台、发行商等行为主体遵循着不同的制度逻辑，而美国传媒业的制度随着不同的行为主体在行业中的地位和市场势力而发生变化，最后导致那些能够接触和认同非主导逻辑的行为主体进行了制度创业。

Seo 和 Creed（2002）也认为行动主体能够接触到其他制度形式，这些制度形式与主导制度不尽相同，行动主体才更有可能成为制度创业者，这是发生制度创业的重要原因。Greenwood 和 Suddaby（2006）在发展 Seo 和 Greed 的观点的基础上，研究了美国会计师事务所的案例，发现位于权力中心的行动者由于可以接触到管理咨询、法律等会计行业之外的制度，他们更能成为制度创业者，并最终将多事业部这一制度形式引入会计师事务所行业。Battilanna 等（2009）认为，多元的制度逻辑是制度创业者出现的重要原因，制度逻辑越多元、制度逻辑冲突越激烈，制度创业者越容易出现。Lepoutre 和 Valente（2012）研究了荷兰的花卉种植业，也指出荷兰花卉企业的高管之所以成为花卉种植业的制度创业者，也是由于他们可以接触到其他行业的制度。Misangyi 等（2008）研究了反腐败的案例，并提出了一个制度变革的三要素框架，这三要素分别为资源、制度创业者和制度逻辑。制度创业者是立志消除腐败的行动者，他们不仅持有反对腐败的制度逻辑，还拥有开发和利用必要资源的能力。Misangyi 等（2008）认为制度变迁是制度逻辑、资源及处于场域边缘位置的行动主体之间互动的结果。制度创业者的首要任务就是彻底消除现行制度逻辑的影响。他们还阐述了制度创业者的四种主要制度创业行动：第一，创造新的制度逻辑并用新的制度逻辑来指导具体的实践活动；第二，探寻并尽量获取制度创业所必需的资源；第三，了解现行制度逻辑和现行制度逻辑的支撑资源；第四，界定新制度逻辑的边界，并谋求象征性要素与实质性要素之间的匹配。因此，制度逻辑理论为解释制度创业的动因奠定了基础，研究制度创业中的制度逻辑，对我们理解制度创业过程具有重要的意义。

　　Thornton 等（2012）基于 Friedland 和 Alford 在 1991 年提出的制度理论，将多重制度逻辑分为宗教逻辑、国家逻辑、家庭逻辑、市场逻辑、社区逻辑、专业逻辑和公司逻辑。Friedland 和 Alford（1991）提出制度本身也有内部秩序，它们由如何定义制度秩序、基督教、核心家庭、官僚国家、资本主义市场和民主作为了内部制度体系的重要组成部分。市场的制度秩序主要关注人类活动的积累、编纂和定价。宗教制度秩序主要关注世界的起源，以及将所有的问题转化为在信仰基础上的绝对道德准则。家庭的制度秩序主要关注将社会关系转化为面向家庭成员繁衍的互惠和无条件的义务。信仰通过仪式不断加强。国家的制度是将多样化的问题转化为多数人投票的共识。基于此，Thornton 等（2012）提出了修订的制度内系统理想模型（见表 2.1）。

图 2.1　修订的制度内系统理想模型

Y轴	X轴：制度秩序						
类别	家庭1	社区2	宗教3	国家4	市场5	专业6	公司7
核心隐喻1	家庭是一个公司	共同边界	寺庙如银行	国家是一个再分配机制	交易	专业是一个关系网络	公司是一个等级制度
合法性来源2	无条件的忠诚	互信互惠的统一信念	信仰的重要性，经济和社会的神圣性	民主参与	共享价格	个人专长	企业的市场地位
权利的来源3	父权统治	对社区价值和意识形态的认同感	神职人员的魅力	官僚统治	利益相关者的能动性	专业协会	董事会的顶层管理
身份来源4	家庭声誉	情感连接，自我满足和声誉	与神的连接	社会和经济阶层	无名的	与工艺质量密切相关的个人名誉	官僚角色
规范的基础5	家庭的一员	群组成员资格	教堂会众身份	国民资格	自身利益	在行业协会中的会员资格	被公司雇佣
关注的基础6	家庭的状态	个人在群组中的投资	和超自然力量的关系	利益集团的状况	在市场中的状况	专业的状况	层级的状况
战略的基础7	增加家庭荣誉	提高成员的地位，增加实践的效益	增加自然事件的宗教象征意义	增加社区福利	增加效率利润	提升个人声望	扩大公司规模，增加公司多样性
非正式控制机制8	家庭政治	行动的可见性	使命感的崇拜	幕后政治	产业分析师	名人专业人士	组织文化
经济系统9	家庭资本主义	合作资本主义	西方资本主义	福利资本主义	市场资本主义	个人资本主义	管理资本主义

在修正后的系统中，Thornton 等添加了社区逻辑，并分析了社区逻辑的核心隐喻、合法性来源、权利来源、身份来源、规范的基础、关注的基础、战略的基础、非正式的控制机制和经济系统共九个类别。

不同制度逻辑主导下，对制度的认知合法性产生不同的影响效应。比如，受国家逻辑的影响，组织重点考虑创新行为是否符合法律法规，是否符合管理机构指定的行业规范，在组织创新实践中，符合国家逻辑的行为，更容易被认可，更容易获取创新合法性。

市场逻辑认为，基于成本和收益的理性是商业组织的重要价值观，企业在进行制度创业的时候，主要看中利润并追求利润最大化。制度创业者在利益的驱使下，可能冒着巨大的制度压力进行颠覆性的创新。此外，市场逻辑下，企业会为了获取竞争优势而进行创新，即所谓的竞争者导向。竞争者导向能够促进合法化。

专业逻辑推崇专业领域知识，专业逻辑重视管理者的专业水平和知识技能。受专业逻辑的影响，组织热衷于参加各种专业交流活动，信任专业协会。因此，具有丰富专业知识的技术人员或管理者发挥了重要作用，他们是认知合法性的一种重要来源。

社区逻辑关注组织在社区中的地位，关注组织是否参与了共同社区中的问题解决，是否履行了社会责任。关注组织的利益相关者。符合社区逻辑的创新行为，能够获得较高的创新合法性。

作为一种非正式制度，宗教逻辑在西方社会对企业的管理起到一定的补充作用，但是对中国而言，目前中国受宗教逻辑的影响还较小，在本书研究的中国语境中将不做讨论。

此外，纵观国外关于制度逻辑下的制度创业研究，《美国管理学杂志》近年来有多篇研究可以借鉴。2007 年，Michael Lounsbury 的 *A Tale of Two Cities：Competing Logics and Practice Variation in the Professionalizing of Mutual Funds* 通过研究搜集国会证词、证券交易委员会报告、各种样的信托基金文档、演讲、备忘录、年度会议纪要；采访 30 位业内人士，使用固定后果逻辑回归模型进行定量研究，探讨了波士顿信托思想的信托人逻辑和绩效逻辑在证券投资基金行业共同存在、相互竞争，并在实践中扩散和相互影响的现状。2010 年，Julie Battilana 和 Silvia Dorado 的 *Building Sustainable Hybrid Organizations：The Case of Commercial Microfinance Organizations* 通过对两个商业小额信贷组织的对比研究发现，组织必须建立一个共同的组织身份，来平衡两种逻辑。证据进一步显示，发展这类组织身份的初期杠杆是招聘新员工和同化政策。2013 年，Jason Jay 的 *Navigating Paradox As A Mechanism of Change and Innovation in Hybrid Organizations* 使用定性研究软件 Atlas. ti version 6（Muhr，2011）进行案例研究，迭代和诱导视分析，探讨混合组织内的各种制度逻辑。制度复杂性的一个后果是复杂的制度逻辑可能不利于产生创新解决方案。过去，学者强调冲突的外部需求和内部有关组织的身份的争论。对剑桥能源联盟的深入研究验证了这一结果。绩效的悖论产生的模糊性，一定的组织结果到底意味着成功还是失败。文章发展了一个过程模型来探讨这一悖论。2014 年，Joseph 等的 *The Structural Elaboration of Board Independence*：*Executive Power*，*Institutional Logics*，*and the Adoption of CEO-Only Board Structures in U.S. Corporate Governance* 采用定量分析的方法，通过开发一个模型来解释和研究企业采用似乎符合现行制度逻辑的董事会结构，实际上是违背现行制度逻辑的。该文章以只有执行总裁的董事会结构作为案例来测试预设的理论。只有执行总裁的董事会结构正式增加董事会的独立性，被研究证实会导致执行总裁更加故步自封，而并不会增加股东价值。该文章通过对 1995 年世界财富排名财富 250 强中的 222 家公司长达 27 年的历史事件分析，发现 3 种机制促进了只有执行总裁的董事会结构的产生：经验管理者利益、经营管理者权力和细化的机会。只有执行总裁的董事会结构通常会发生在：大量更高比例的业内人士早在首席执行官或首席执行官有更大的正式权力和议程控制力。该文章同时发现强大的执行总裁更能认识到结构改变所能带来的制度机会，如萨班斯法案的通过、组织权变、公司绩效的改善。通过对只有执行总裁的董事会结构的扩散机制研究，对公司治理社会政治观、制度逻辑理论和结构细化理论做出了贡献。该文章强调了权力在制度逻辑细化中作用，说明行政权力如何塑造结构影响制度逻辑。2016 年，York 等的 *Converging Winds*：*Logic Hybridization in the Colorado Wind Energy Field* 使用电脑辅助定性研究软件 Nvivo 10，进行理论抽样、过程研究和归纳研究，探讨场域层面的逻辑杂糅，即分析组织场域内，先前不相容的逻辑如何融合的过程。通过对科罗拉多风能场域的归纳研究，发现当社会运动组织（SMOs）、电力公司、混合组织和政策制定者对经济逻辑和生态逻辑之间的不相容性做出回应时，逻辑杂糅便开始了。社会运动组织无法改变经济逻辑的主导作用，转而改变策略促进生态逻辑。当社会运动组织成功使场域内的力量平衡时，混合组织出现，使一系列的框架、实践和安排具备合法性。电力公司和政策制定者，然后把新的杂糅逻辑嵌入其中并正式化。文章的研究结果表明，场域层面的逻辑杂糅是一个复杂的过程，其中组织行为和场域条件随时间递归式地相互影响。但综合而言，目前有关制度逻辑演进过程和规律的研究以及制度逻辑影响下的制度创业研究仍处于理论发展的初期阶段。

2.3 组织合法性研究综述

2.3.1 合法性的定义

组织要生存下来，必须获得社会的认可、接受与信任（Scott et al.，2000）。组织合法性是组织的价值观与其所处的社会情境之间一致的程度。组织的价值体系应该按照组织能为系统目标实现所做贡献的程度来确立，合法性应通过遵从组织所处的社会价值体系来获得。Suchman（1995）认为，合法性是普遍化的理解和假定，是社会成员的价值估计与判断，是在社会构建的信念、规范、身份和价值系统中，对某个实体进行的适当假定。作为一种普遍的评价，合法性是客观存在的但又是被主观创造的。从制度理论的观点来看，合法性是一种被感知的与法律规范和规制相一致的状态，或者说是一种与文化—认知性框架相契合的状态，是一种以外部可见的方式展示出来的符号系统（Scott，2003）。Meyez 等（1983）同样强调文化—认知性制度维度的重要性，认为组织的合法性是组织得到文化支持的程度。合法性的概念历经了不同的发展阶段，有着不尽相同的具体释义。中国学者周雪光等（2010）认为，合法性机制是指某些特定的组织形式、社会的文化观念、社会规范、法律等被大众广为接受的社会事实，这些社会事实是规范人们行为的观念因素，会使组织和个人接受和这种共享观念相一致的制度形式。同时，合法性也是一种资源，组织获得合法性有利于组织提高知名度和社会地位。

2.3.2 合法性的分类和维度

学者们对合法性有着不同的分类。

Singh 等（1986）认为合法性分为两个维度，即内部合法性和外部合法性。他们通过调查自愿服务的社会组织，发现新组织消亡与组织是否获得外部合法性有一定的相关性，但与组织内部协调机制关联较低。故而，一个新组织必须获取外部合法性，也就是说外部的制度支持来适应周遭环境从而获得持久发展。Aldrich 和 Fiol（1994）也将合法性分为两个维度，认知合法性和社会政治合法性。他们通过研究新创企业的生存和发展，认为社会政治合法性是企业利益相关者对于企业存在形式、存在结构、行为态度的认可程度，这些认可程度是基于政治角度进行考虑的，考虑企业的这些要素与法律法规的一致程度。这里的利益相关者也是从政治视角考虑的利益相关者，比如政府官员、社会地位高的领导者以及关键的利益相关者。认知合法性是指外界对新企业的社会认可和接受程度。

Scott（1995）将合法性分为三个维度，即规范合法性、规制合法性和认知合法性。规范合法性是与社会传统、文化、价值观念的契合程度。组织结构、产品生产技术与流程符合社会价值观与道德观，则具有规范合法性。规制合法性是与政府政策、法律法规、行业协会等制定的标准相契合的程度。组织行为符合政府政策或法律法规，那么从外部来看，就具有规制合法性。认知合法性是与以社会为中介的共同理解、共同信念、共同行动逻辑和共同意义框架相契合的程度。组织的信息扩散程度高，被认知的程度高，则具有更高的认知合法性。Suchman（1995）也将合法性分为三个维度，这三个维度是根据动力机制来划分的，它们分别为实用合法性、道德合法性以及认知合法性。企业的利益相关者的直接利益涉及实用合法性，对组织活动是否肯定的规范性评价涉及道德合法性，而组织活动与社会文化规制是否一致涉及认知合法性。

Zimmerman 和 Zeitz（2002）在 Scott 三维度分类的基础上，将合法性分为四个维度，即实用合法性、道德合法性、认知合法性和行业合法性。而 Dacin 等（2007）将合法性分为五个维度，即社会合法性、市场合法性、投资合法性、关系合法性和联系合法性。这种分类方法是根据企业的特征和企业的周遭环境来考虑的。

整合后的各位学者观点如表 2.2 所示。

表 2.2　组织合法性的分类和维度

文献	视角	维度	描述
Singh 等（1986）	生态和制度视角（ecological-institutional）	内部合法性；外部合法性	内部合法性是指在内部协调过程，成员之间相互协调他们在组织内的角色；外部合法性是指外部授予的身份地位

表2.2(续)

文献	视角	维度	描述
Suchman (1995)	制度和战略双重视角（institutional-strategic）	实用合法性；道德合法性；认知合法性	实用合法性在于符合组织利益相关者的利益；道德合法性在于人们对企业及其活动是否符合道德规范的评价；认知合法性是外部群体基于一些文化因素，理所当然地认为组织的存在是必须的或不可避免的，从而接受它
Scott (1995)	制度视角（institutional）	规制合法性；规范合法性；认知合法性	规制合法性是指遵守现在的法律和法规；规范性合法性是指遵守一定的规范和价值观；认知合法性则是指社会的信仰和价值体系
Aldrich 和 Fiol (1994)	制度视角（institutional）	认知合法性；社会政治性合法性	认知合法性是指新生组织被当作环境中的正常产物；社会政治性合法性是指新生组织的正当性被重要的风险投资家、一般公众、意见领袖和政府所认可
Zimmerman 等 (2002)	战略管理视角（strategic）	规制合法性；规范合法性；认知合法性；产业合法性	产业合法性是指产业存在的历史给产业中的组织带来的合法性，产业存续时间长，存在价值越明显则产业中的组织合法性越高。其他合法性描述同 Scott（1995）
Dacin 等 (2007)	制度视角（institutional）	市场合法性；投资合法性；关系合法性；社会合法性；联盟合法性	市场合法性是指在特定市场从事业务的权利和资格；关系合法性是指成为合伙人的价值；社会合法性是指公司遵守社会规范和社会期望的一致性；投资合法性是指业务活动的价值；联盟合法性是指战略联盟的有效性和适当性

本研究借鉴被学术界普遍认可的 Scott（1995）的三维度分类方法，从制度创新的规则合法性、规范合法性和认知合法性三个维度来进行探讨。

2.3.3 组织合法化的战略选择

组织要获取合法性，必须实施合法化的战略。组织所采取的合法化战略各不相同，为适应企业周遭不同的制度环境，组织会根据自己的特征状况来进行战略选择。Suchman（1995）概括出依从型合法化战略、操纵型合法化战略和选择型合法化战略共三种合法化战略。Zimmerman 和 Zeitz（2002）则提出了操纵型、选择型、创造型和依从型四种合法性战略。其中的创造型合法化战略需要组织建立新认知基础，从而创造出新的制度环境。现有制度不能提供与组织认知匹配的基础时，组织就需要创造新模式、新实践，树立新的认知等来获取合法性。Ahlstrom 等（2001）认为企业会主动采取措施，从其生存和发展的环境中不断获取合法性，从而加速自身的成长。

2.4 话语分析理论综述

2.4.1 话语分析与管理学研究

20 世纪中叶出现的话语分析对管理学研究产生了深远而重大的影响。自 21 世纪以来，使用话语分析进行管理学研究的论文数量不断增加。作为一种质性分析手段，话语分析可以提高管理学研究者对如文件、文字、访谈记录等经验数据的分析质量。话语分析促进了批评管理学研究和反思性方法论的发展。批评管理学和反思方法论挖掘语言背后的价值观、权利结构和意识形态，对经验数据进行多重阐释，从而提高研究的质量（Alvesson & Karreman，2000）。

话语分析审视语言自身特征，揭示语言与社会情境的关系，关注话语与组织活动、组织结构、组织行为和组织程序的关系，以及话语对组织行为和管理活动的影响等方面。管理活动与语言之间联系密切。组织不断产生大量的书面和口头话语，如组织规章制度、工作计划、图形图像、符号等。组织间也有大量的话语交流与互动。人们的意识受到话语的影响，话语塑造个体和组织的行为。从话语的角度来看，组织管理可以被定义为"在特定的社会和组织背景下，人们以实现预期目标为导向来创造、生产和传播话语，形成理解与意识、意图，并影响他人行为的一系列话语实践活动"。在管理研究中，一切的管理知识本身都是话语的产物，管理研究本身也是在特定的语境下对指定话语素材（访谈材料、数据）的检验和分析。传统的管理研究仅注重研究组织实体结构和行为，而话语分析吸纳了语言研究的成果，运用到管理学研究中，丰富和发展了现有的理论，提供了更为广阔的视野（吕源，彭长桂，2012）。

英国东安格利亚大学的语言学家和文学批评家在 20 世纪 70 年代末倡导批评语言学的研究，对学术界产生了重大影响。1989 年，Fairclough 在其著作《语言与权力》中第一次使用了"批评话语分析"这一术语，随后的 1995 年，Fairclough 出版了一本书名为《批评话语分析》的专著。Halliday 的系统功能语言学理论为批评话语分析理论奠定了基础。而在批评话语分析理论产生前后的评价理论（appraisal theory）也对批评话语分析产生了重要影响。1994 年，在悉尼大学讲学的 Martin 正式提出了完整的评价系统理论。根据批评话语分析的观点，话语是一个行使和实现权力关系的场所，话语分析旨在揭开隐藏在语言背后的意识形态和动机。1999 年，Martin 又展开了积极话语分析的研究，他在英国的一个批评话语分析研讨会上，发表了论文《积极话语分析：团结和变化》。积极话语分析提出一个关于语言和语义生成的补充视角，旨在探讨权力的重新分配和建构。积极话语分析对待社会冲突采取积极的态度，力争推动和谐的社会构建。

Text 是一本话语分析的专业学术期刊，它于 1981 年创办。随着该期刊的创办，话语分析成了一门独立的学科，研究领域从语言学扩展到文学、心理学、哲学、教育学、人类学、计算机科学、人工智能等领域。自 2000 年以来，话语分析在管理学界的应用呈现蓬勃发展之势。有三本知名的欧洲和美国管理期刊于 2000 年发表了以话语分析为主题的专栏文章：*Organization* 第 3 期发表了以"a debate on discourse"为主题共 11 篇考察话语分析在组织研究中应用的论文；在 *Human Relations* 第 9 期中，Alvesson 和 Kärreman（2000）发表了标题为 *Arieties of Discourse：On the study of organizations through discourse analysis* 的文章，该文对话语分析这种研究方法进行了系统的评价和总结；*Journal of Applied Behavioral Science* 第 2 期发表了以"the discourses of organizing"为主题的共 8 篇与话语分析有关的文章。2010 年，*Journal of Applied Behavioral Science* 杂志再次发表 7 篇话语研究的论文。至此，话语分析方法成为管理学研究越来越普遍的研究方法和重要主题（吕源，彭长桂，2012）。

2004 年，Phillips 等（2004）在其论文 *Discourse and institutions* 中，提出了一个话语与制度化模型，梳理了话语在制度化过程中的功能与作用。他们认为，制度是一种社会构建，是通过话语生产的社会构建，制度化过程是文本生产和行动不断相互作用的过程，而制度是对既往实践和行动的历史认证。Maguire 和 Hardy 于 2009 年发表了 *Discourse and Deinstitutionalization：The Decline of DDT*。他们研究了 DDT 的案例，认为外部驱动可以影响去制度化，去制度化源于问题化，问题化改变了话语，从而损坏了制度基础，最终完成去制度化过程。

在中国管理学界，使用话语分析作为技术手段的研究也是越来越多。2005年，韦森等在《北京大学学报》上发表的论文《言语行为与制度的生成》，采用文献法研究言语行为与制度生成的内在关系；讨论了以言创生制度的基本哲学思路、施事话语的条件和道德基础问题，为制度与话语的研究提供了重要参考。2010 年，郭毅等在《管理世界》上发表的论文《"红头文件"何以以言行事？——中国国有企业改革文件研究》采用了文本分析、关键语篇分析法，探究"红头文件"言语系统对国有企业改革的影响。研究发现肯定性语篇明确了国企改革的性质和方向；影响性语篇规定了改革的内容；行动语句影响改革进程。2010 年，林泉等在《管理世界》上发表了论文《国有与民营企业使命陈述的对比研究》，该文采用文本分析法中的内容分析法，同时结合定量统计方法，对国有与民营企业的使命陈述进行了研究，对比了国有与民营企业使命陈述的质量、关注点及其他差异。2012 年，吕源和彭长桂在《管理世界》上发表的论文《话语分析：开拓管理研究新视野》使用文献法，探讨话语分析在管理学研究中的应用，考察了话语分析在管理学领域的主要进展，提出语言、语用、建构、批评四种话语分析模式。2014 年和 2016 年，彭长桂和吕源在《管理世界》分别发表论文《组织正当性的话语构建：谷歌和苹果框架策略的案例分析》《制度如何选择：谷歌与苹果案例的话语分析》，这两篇文章采用话语分析的系统功能语法技术，提出了一个战略选择的话语模型。其中，认知框架为中介变量，调节了制度压力对战略选择的影响，其研究具有开拓性的意义。

2.4.2 Fairclough 的三维分析框架

系统功能语法是话语分析的一个重要工具。语言形式是社会选择的结果，说话人下意识地选择了某些词汇、某个语法结构来表达意向时，实际上他是在完成特定语境下的意义的社会选择。作为思想的载体，语言是关于经验世界的编码，将一切事物以交际的形式展现出来，对一切事物进行描述。语言的本质在语言创造和表达意义的语法中体现（Halliday M. A. K., 2013）。认知语言学进一步提高了系统功能语法分析结果的解释力度。认知语言学认为语言形式和意义与认知有着极大的关系，而语法象征着人类在身体构造和动作的约束下所体验和感知的现实，语言的形式与意义表达有着重要的关系（王寅，2007）。本研究拟采用 Fairclough 的三维分析框架，不仅考察语法这一层面，更考察语篇、话语实践和社会实践。Fairclough 的三维分析框架在系统功能语言学的基础上，进行一种批评话语分析。Fairclough（1989）认为，语篇（text）是话语实践（discursive）的产物，这个过程包括语篇的"生成（production）""传播（distribution）"和"接受（consumption）"，所有这些都是由特定的"社会实践（social practice）"条件决定的。由 Fairclough 提出的批评话语分析的三个层次为："描写（describe）"语篇的形式结构特征；"阐释（interpret）"语篇与话语实践过程的关系；"解释（explain）"话语实践过程和它的社会语境之间的关系。

根据 Fairclough 的三维分析框架，本书在"描写"层进行微观的文本分析。随后，将对语言学描述结果进行阐释，探讨语篇与话语和社会实践过程的关系。第三个层面"解释"，将对组织场域内背后逻辑进行分析，拟结合社会结构的宏观背景来分析新的概念范畴背后的主导制度逻辑，定位于宏观层面。

2.4.3　互文性

互文性（intertexuality）分析可以为研究者提供一种检验某一话语、概念与其他话语之间相互联系和溯源的研究工具（Heracleous & Barrett，2001）。1969 年法国的文艺理论家 Kristeva 在《符号学：符义解析研究》中提出了互文性的概念。他认为，所有的语篇均由引言拼凑而成，语篇都是对其他语篇的吸收和转化。从那时开始，互文性研究一直在文学批评研究中占据重要位置。互文性理论有两个理论基础：巴赫金的对话理论和索绪尔的符号学语言观。语言是二元的，语言符号系统，联系的不是事物和名称，而是概念和音响形象。符号本身没有意义，符号在与其他符号的关系中产生意义。任何文本都处在若干文本的交汇处，都是对这些文本的重读、更新、浓缩、移位和深化（王瑾，

2005）。"互文"本来是一种修辞现象，即语义产生于多个话语的共同建构。每个文本都不是孤立存在，而不过是互文链中的一个环节。互文性分析被认为是语篇分析的重要形式，它体现了语篇对话语秩序的选择，在不同的社会环境中，话语生产者使用特定的话语实践，特定的叙事和特定的体裁等。作为一项话语分析的技术，互文分析能够改进解释力度（辛斌，2005）。

使用互文分析技术，可以帮助确定某一概念在不同的群体和社会层面中，在不同的时间维度上，如何产生和演变，而这一概念又是如何成为某一行为的驱动力和参考的。同时，互文分析帮助找到在文字中隐含的概念和主题要素，并进行交叉互证。2010 年，Khaire 和 Wadhwani 在 *Academy of Management Journal* 上发表的论文 *Changing Landscapes：The Construction of Meaning and Value in A New Market Category-Modern Indian Art* 使用了互文分析的方法，对印度现代艺术这一概念在新兴市场中的意义构建进行了研究。为了方便市场交易，作为一种新的概念，印度现代艺术这一范畴必须具有稳定的意义类别，行动者通过强化共同认知，激活美学的比较和评估等方式来实现新类别的意义构建。同时 Khaire 等（2010）引入了定量分析的方法，采用多元回归的方法验证了在不同话语材料中主题的相关程度，具有较强的说服力，对未来的研究具有较大的借鉴意义。

2.4.4　范畴化

范畴化（categorization）是分类的心理过程（Ungerer & Schmid，2001）。

人类在认识世界时，从事物的千差万别中找到相似性，比如在功能、形状、性质等方面的相似性，再把这种可辨别的事物歧异性处理成相同的类别，进而形成概念。这种过程和能力是一种以主观和客观相互作用为基础的，对外界事物进行类属划分的心智过程，是基于客观所做的主观概念分类，并以这种分类形式赋予世界结构的理性活动。概念是范畴化的最终产物，被称为认知范畴或概念范畴（王寅，2007）。束定芳（2008）在《认知语义学》一书中说："范畴化就是把不同的事物归为同一个类型的过程，或者说，是将不同的事物看作同一类事物的过程。这是人类认识世界，用语言表达世界的最基本的过程。"Lakoff 等（2003）在《女人、火与危险的事物》中强调了范畴化的重要性，认为范畴化对于行动、感知、思维和语言来说，范畴化是最基本的，是人类认知世界的基本手段，是产生词汇需经历的早期阶段。对某一事物的命名，从一个人开始传给另一个人，因为事物之间的相似性，某些事物被归为一类。这一命名使用较多以后，便形成了固定的概念，对一种范畴的概念化之后，便用文字语义表示。也就是说，词汇是概念化和范畴化的结果。然而，不同语言之间的词汇意义并不完全对应，因为不同语言对事物的范畴化和概念化方法不同。比如，在一些阿拉伯语国家，由于骆驼和人们的生活息息相关，关于骆驼的分类和范畴多达十几种，而在中国这一汉语国家，骆驼就只有一个词汇范畴。再比如，在爱斯基摩人的语言里，关于雪的词汇范畴非常广，而对于不常下雪的地方，人们关于雪的词汇范畴则比较窄。经典范畴理论认为，范畴由充分特征和必要特征的交叉的部分定义，而范畴事物的特征是二元的，并有着明确的边界，范畴中的成员地位平等。现代认知范畴理论则认为，范畴中的成员是由家族相似性联系在一起的，而不是由充要条件来界定的，并没有某一特征为全体家族成员共有。此外，范畴的边界是模糊的，相邻范畴之间重叠并相互渗透。范畴原型和范畴边缘成员在拥有范畴成员共有特征方面具有差异性，范畴原型拥有的范畴成员共有特征最多。因为特征的多寡，范畴成员之间并不平等，有些更为典型，有些则不然。认知主体在形成范畴和概念的过程中，起到某种促进作用。概念、活动和语言都是隐喻性地组织在一起，概念隐喻是人类的思维方式，是认知的基本模型（Ungerer & Schmid，2006）。隐喻的实质是通过一类事物来体验和理解另一类事物。隐喻是语言的常态，在日常生活中比比皆是。除了显性的隐喻外，还有很多系统性的潜移默化的长期规约类的隐喻，隐喻本身是一种思维方式。人类赖以思考和行动的概念系统均由隐喻的形式建构与界定（Lakoff & Johnsen，2003）。

2.4.5 制度逻辑与话语

制度逻辑意味着每一套制度都有一套自成体系的价值理念和解决问题的方法。每种主导制度都有解释世界源起的世界观体系，同时每种主导制度也具有它们用来理解世界的语言。制度逻辑为行动者提供组织原则，同时为行动者提供词汇表，反映行动者动机和身份的词汇表（Alford & Friedland，1985）。不同的制度逻辑具有不同的话语体系，这些话语体系陈述制度逻辑的行动和理念。语言是现实的逻辑形式，所以它不能表现违背逻辑的东西（Winttgenstein，1974）。比如，一种制度提案，如果想要获得权威的批准，那么这种制度提案必须遵循符合权威的制度逻辑，据此来表示话语，以摆脱被拒绝的命运

（Suchman，1995；Thornton & Ocasio，2008；Suddaby & Greenwood，2005；Jones & Livne-Tarandach，2008）。组织行动者与制度权威进行互动，在这种互动中，不同的行动者秉承着不同的制度逻辑，于是多种制度角色如规则挑战者、规则追随者、规则制定者等制度角色在不同制度逻辑的影响下相互博弈（Oliver，1991；Streeck & Thelen，2005；Child et al.，2007）。制度逻辑对话语具有塑造作用，同时话语也对制度逻辑具有建构效应，这种建构通常以修辞的方式体现。任何制度的建立最终都需通过语言来进行，制度本身就是一种通过话语来完成的社会构建，所以语言在制度的构成中也具有重要的作用，因为人的思维受其使用的语言规则和形式制约，所以话语在一定程度上可以导致新制度的产生或制度的变迁（Berger & Luckmann，1967；Slobin，1991；Searle，1995；Phillips et al.，2004；Suddaby & Greenwood，2005；Sapir，2007；Whorf，2011）。不同的话语体现着不同的管理实践，因为话语体现了解决问题的思路和方法，因而可以从组织话语中看到管理实践背后的制度逻辑（彭长桂，吕源，2014）。吕源和彭长桂（2016）使用系统功能语法的话语分析技术，进行主题推导、情态系统判定和语义评价，对谷歌和苹果不同战略、选择进行了分析，展示了语言是如何观测制度逻辑的，为话语分析技术观测制度逻辑提供了研究范本和实证参考。语言或话语和制度之间的关系已经受到了研究领域理论和实证的影响（Phillips et al.，2004；Maguire & Hardy，2009），但是语言和实践以及符号系统的相互构建机理尚未明晰。Thornton 等关于场域内制度逻辑的理论为研究实践和符号如何通过场域词汇的出现相互联系提供了研究理论。认知框架是建立在人类体验之上、与场景相关的概念结构，是信仰、社会实践、制度、意向等要素的图式表征，是语篇编码概念所预设的背景知识，是特定言语社团成员交流的认知基础，是微观、中观和宏观"三位一体"的认知结构（李天贤，2012）。"框架"是处理世界的知识，是认知的前提。一个框架是一个心理知识结构，是抓住了世界的典型特征（Bednarek，2005）。认知框架被广泛使用在哲学、心理学、人工智能、社会学、语言学等领域。在语言学领域，最早引入认知框架概念的是 Charles J. Fillmore。他在提出这一概念之后，他对概念的解释也随时间推移而不断演进。他认为，框架是语言的选择系统，体现在简单的如词汇汇集或对语法规则或语言范畴的选择。框架是一种认知结构，是词语编码概念所预设的背景知识。认知框架就是理解发生在我们周围之事件的背景知识，语言框架则是词汇单位的具体编码或语言的其他形式特征

（Fillmore & Petruck，2003）。在管理学领域，认知框架能够为管理者解读特定情境或为特定事件提供组织原则。不同的认知允许某些信息进入战略制定过程但排除其他信息的认知。认知通过嵌入于语言和日常实践的文化来束缚人们对现有制度安排以外选择的想象。组织决策层通过把个人认知融入集体的主导认知框架，从而获得环境的主观解读，最终驱动战略决策和随后的组织行动（彭长桂，吕源，2016；Nadkarni & Barr，2008）。

语言不但是组织信息的图式结构，而且是社会制度的主要载体。语言既可以让我们从社会方面考察语义在使用情境中的交流和表达功能，也能让我们从心理方面研究认知方式在语义形成中独特的组织作用（王寅，2007）。语言是人类所特有的符号系统，是人类交流和思维的中介工具，同时也是社会赖以运转的根本性制度体系和信念系统（Saussure，1983）。语言是一种以选择性视角为依据的元认知技能，它能够塑造和反映特定情境下社会行动者的潜在假定，比如态度、价值观、意识形态等。语言是制定决策和形成判断的核心工具，能够为我们提供独特的分析视角（Halliday，2013；Austin，1962；Tomasello，1999；Harmon et al.，2015；黄洁，2012；文旭，2001）。

2.4.6　话语与制度化

Thornton 等在 2009 年美国管理学年会主题讨论的基础上，于 2012 年出版了专题著作《制度逻辑观》，从而使制度逻辑的研究初具规模。但是，制度逻辑、组织身份等概念都相当抽象，用传统的管理学量化方法对其进行界定、测量和获取数据有较大的困难。目前研究制度逻辑的方法多为扎根研究、理论推导等。这些研究方法显然存在解释力度不足的缺陷，因而，本书拟采用语言学的话语分析研究方法，拟提高对制度创业和制度逻辑研究实践的解释力度。

话语（discourse），是指在特定社会情境下的语言的使用和表达形式。话语分析不单单考察以词句或语法规则等语言内部规律，而且将研究扩展到语言在社会情境（contexts）下的应用，也就是关于人们如何使用话语、如何构建话语的社会意义和如何通过话语互动、交流来参与社会实践，并实现话语实践的预期目标。话语分析揭示语言的使用特征，反映语言与社会形态和社会活动之间的复杂关系，从而进一步加深了人们对人类社会内在机制和变化规律的理解（朱永生，2003；辛斌，2005）。在进行社会实践活动时，行动者会不断地大量生产各种类型的话语，包括书面形式的规章制度、工作报告，口头层面的会话交流，以及非文字的符号、图形、图像等表达素材。这些话语不仅是制度实践中的交流工具，也是人们之间的社会关系及权力结构的反映。这些组织话语会影响人们的理解和意识，从而引导和塑造个人与组织的行为。21世纪以来，话语分析逐渐受到管理学领域研究者的青睐，相关的研究文献不断增多。本书拟主要采用互文性的话语分析技术，用这一分析技术来检验某一概念与其他话语之间的相互联系和溯源，从而丰富和发展制度创业研究的深度和广度。同时，采用话语分析的理论框架，挖掘和揭示隐藏在制度话语背后的制度逻辑和个人价值观念等，通过对经验数据的多重阐释，提高研究的质量，推动理论的创新和发展。

传统管理研究中大量使用各种概念和词语，均有一个先验假设，那就是这些概念和词语是先天存在的，词语和事物之间存在着一一对应的指涉关系。然而，现代语言学认为，词语与事物之间并不是简单的一一对应关系，而是一种动态的社会构建。

词汇和概念由一系列的区分、固定、命名、标签、分类与联系的过程而产生（Chia，2000）。语言并不是独立于经验、现象、行为的东西（陈嘉映，2003）。语言与世界之间的关系受到社会规范、传统、习俗、历史等众多因素的影响。人们依赖语言的帮助描述事物，但是语言本身就包含了对事物的分类。事物自身没有明确区分，是语言才把事物区别开来。因此，语言产生意义，并以此使得人们认识和理解世界（辛斌，2005）。"对人来说，现实在语词的水平上成像。"（陈嘉映，2003）不仅如此，语言还在社会实践中发挥积极的构建（constructive）作用。一旦语词或概念被人们赋予相应的意义，人们又会根据各自对这些语词（或概念）的理解建立主观意识并以此在社会实践中指导自己的行动（Chia，2000）。

"组织话语（organizational discourse）"这一概念，作为组织管理领域的分析框架，已经取得众多学者的共识（Boje et al.，2004；Grant & Hardy，2004；Grant et al.，2004；吕源，彭长桂，2012）。"组织话语"是"体现在说话与写作实践（也包括视觉表现和文化制品等各种变体）的结构化文本的集合。这些文本被生产、被传播和被消费的过程使有组织地联系的客体得以存在"（Grant & Hardy，2004）。作为组织话语分析基本单位的文本，既可以是语言类素材也可以是非语言类的符号，比如谈话、谈判、报告、组织文件、会议记录、规章制度和标记、标识、图像和图形等。也就是说，其是一切与组织和组织过程有关的语言素材。按照组织话语的视角，制度化是话语的社会实践活动，即群体、个体和组织行动者之间通过共享并接受对社会现实的共识，来协商建设社会实在的过程。在制度化的过程中，话语构建、分享和传播意义，指导和制约人们的行动（Phillips et al.，2004）。一个话语在制度化过程中所扮演的角色与功能的理论模型被提出。该模型强调话语和社会行动通过生产和消费文本来完成制度化过程，揭示了制度化过程更可能发生的条件。Phillips 等（2004）的话语与制度化模型阐明了个人行动者通过产生文本影响话语领域的微观机制，以及话语产生社会构建从而产生制度塑造个体行为的自动调整机制过程，如图 2.1 所示。他们认为，制度具有自我约束和自我控制的功能，是对既往实践和行动条件的历史认证。制度是一种通过话语产生的社会建构。制度化过程是文本生产与行动两者之间不断互动的过程。此外，该研究也为管理学研究提供了方法论贡献，使话语分析作为研究语言和意义内生动力的成熟分析技术得以运用在制度化过程如何发生的经验研究里，并为使用语言学视角研究组织理论与制度理论提供借鉴。

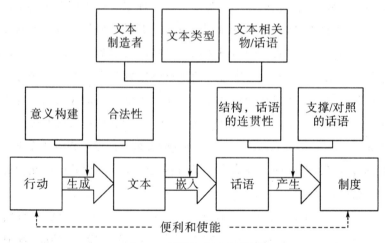

图 2.1　话语与制度化模型

2.5　发现与思考

通过文献梳理，笔者对移动出行领域制度创业的有关问题进行了思考。在中国移动出行行业，制度逻辑如何影响组织获取合法性，社会成员普遍化的理解和假定如何形成，以及移动出行行业的制度创业者如何寻求认知的合法化。

首先，如果说制度逻辑通过塑造行为主体的群体特征，来改变组织个体的集体身份认同，从而影响合法性获取，进而推进制度变迁，那么，从宏观层面来讲，组织如何在制度环境中经历身份危机，并在与各个层面的互动过程中形成新的组织身份？在这一点上，以首汽约车为例，我们可以看到，一个传统的国有汽车企业，经历了组织身份的变迁，开始向网约车企业转变，形成新的组织身份。这一案例很好地诠释了制度逻辑通过塑造群体特征来推进制度变迁的这一过程。从微观层面来讲，以私家车主的身份特征为例，私家车主可能原本有自己的职业，兼职成为网约车司机，他们的群体特征和身份认同的变迁是一个很有意思的话题。此外，有些经济发达的城市，曾出台政策要求网约车司机具有本地户口，后来又取消了这一限制。这种对网约车司机群体特征的直接定义，体现了共享观念的变迁，反映了制度逻辑的冲突与发展。

其次，制度逻辑通过社会分层与分类塑造个体行为主体的认知，从而影响认知的合法性，推进制度的变迁。这一点，在移动出行领域有很多的例证。作为一个新兴的领域，必然会产生大量的新事物，而人们如何对新事物进行命名与分类，体现广为接受的观点的扩散与传播。对移动出行领域的各类事物的分层与分类在不断地变化，如出租汽车、网络预约出租汽车、巡游出租车、私人小客车合乘、即时用车服务、约车人、抢单、乘客爽约、甩客等概念不断变化，分类不断地分化、重合与变迁，反映了广为接受的观点随时间不断变化。

最后，制度逻辑影响组织和个人对权利的争取。随着某一类属意义的逐渐合法，网约车企业、私家车网约车车主的话语权也在发生变化。起初，这类企业和人群并没有太多的话语权，还受到各种质疑。比如本身有其他职业的私家车网约车车主，曾经不能正大光明地开展网约车业务，下班接单通常需要秘密进行，以免影响现有的工作。而随着移动出行行业的不断发展，网约车等各项新事物的边界的逐步明晰，兼职从事网约车服务无可厚非的观念被大众认可和接受，组织和个人的的权利状况也随之发生变化。

3 中国O2O移动出行行业制度创业现状

3.1 中国O2O移动出行行业概况

中国人口众多，综合交通领域存在一系列问题，供需矛盾突出。国家从宏观战略上大力支持推进优化中国的交通运输体系。交通运输部于2012年7月31日发布的《交通运输行业智能交通发展战略（2012—2020年）》中正式提出的中国智能交通发展的总体目标是，到2020年中国应基本形成适应现代交通运输业发展要求的智能交通体系，实现跨区域、大规模的智能交通集成应用协同运行，为民众提供便利的出行服务以及高效的物流服务，在21世纪中叶实现中国的交通运输现代化。2013年3月7日，国家发展改革委研究制定了《促进综合交通枢纽发展的指导意见》，旨在解决该阶段中国综合交通存在的一系列问题，构建便捷、安全、高效的综合交通运输体系，支撑国民经济和社会发展，方便广大人民群众出行，提升国家竞争力。智慧交通和车联网应用呈爆发式增长。

中国大力发展共享经济。在技术、经济、文化等多种因素的综合作用下，中国共享经济蓬勃发展，市场交易额持续增长，带来了经济社会领域的深刻变革。

在智慧交通上升为国家战略，并代表未来交通发展方向的大形势下，共享出行发展迅速，并成了共享经济发展最为活跃的领域之一。在各方力量的推动下，中国的交通出行行业发生了深刻的变化，成为整个中国分享经济行业的示范引领风向标。在该领域发生了广泛的制度创业活动，具有较强的典型性。表3.1显示，2016年中国参与交通出行共享的人数已达3.3亿，交通出行类移动平台提供服务人数已达1 855万。

表3.1　2016年中国分享经济重点领域的参与者人数

领域	参与人数/亿人	提供服务人数/万人	平台员工人数/万人
生活服务	5.2	2 000	341
生产能力	0.09	500	151
交通出行	3.3	1 855	12
知识技能	3	2 500	2
房屋住宿	0.35	200	2
医疗分享	2	256	5

数据来源：《中国分享经济发展报告2017》。

CB Insights公布的数据显示，截至2017年2月17日，全球共有独角兽企业186家。在这186家企业中，中国的企业达到了42家之多，占到了总数的22.6%。这些独角兽企业中，有典型分享经济属性的公司有15家，占中国独角兽企业总数的35.7%。而共享出行行业的代表性企业——滴滴出行在全球独角兽企业榜单中的中国分享经济型企业的市场估值榜单上，占据榜首位置，市场估值高达338亿美元（见表3.2）。

表3.2　全球独角兽企业榜单中的中国分享经济型企业

公司	估值/亿美元	行业
滴滴出行	338	共享出行
陆金所	185	金融科技
新美大	180	生活服务
饿了么	45	餐饮
中商惠民	20	快消
微影时代	20	文化娱乐
挂号网	15	医疗
优客工场	10.2	房地产物业
货车帮	10	供应链与物流
途家网	10	住宿
新达达	10	物流

表3.2(续)

公司	估值/亿美元	行业
融360	10	金融科技
魔方公寓	10	住宿
瓜子	10	二手车
知乎	10	互联网软件服务

数据来源：《中国分享经济发展报告2017》。

根据《中国分享经济发展报告2017》，中国2016年共享性质的交通出行领域的市场交易额约为2 038亿元，这一数字比2015年增长了104%。共享性质的交通出行领域的市场融资超过700亿元，这一数字比2015年增长了约124%。共享性质的交通出行的参与总人数达3.3亿，这一数字比2015年增长了近40%。2016年中国的网约车司机总人数约为1 800万，这一数字比2015年增加了350万。

3.1.1 发展阶段

中国的移动共享出行行业始于2010年。2010年5月，易到用车在北京成立，成为中国首家互联网预约车服务平台，线上用车行业进入萌芽期。2011年9月，由喜马拉雅科技创立的AA拼车网正式上线，成为中国首个拼车信息汽车共享平台。2012年3月，由北京聚核众信信息技术有限公司开发的手机智能软件摇摇招车上线，手机打车软件开始出现。2012年5月，快的打车在杭州成立，同年8月上线。2012年6月，滴滴打车在北京成立，同年9月上线。2013年4月，大黄蜂打车在上海成立并上线。2013年10月，PP租车进入中国，同时拼车类软件，如AA租车、爱拼车上线。这一阶段，各类拼车、租车移动应用如雨后春笋般不断涌现，共享出行行业进入高速成长期。同年，国际移动打车巨头Uber进入中国。滴滴打车、快的打车分别获得腾讯、阿里巴巴大额投资，迅速扩展覆盖城市，并开始接入移动支付终端。2014年1月起，滴滴打车和快的打车两款打车软件开始了持续四个月的补贴烧钱大战。2014年1月10日，滴滴打车宣布接受微信支付，乘客车费立即减少10元，司机立即奖励10元。同年1月20日，快的打车和支付宝合作，宣布与滴滴打车采取相同的补贴措施。鉴于背后有两家互联网巨头企业的大力支持，滴滴打车和快的打车疯狂砸钱。补贴大战客观上促进了移动出行行业的快速发展。移动用车软件可以掌握消费者的消费记录，精确锁定消费者的消费目的，从而培养消费者的消费习惯。不断的补贴返现带来了较大程度的用户增长及市场份额扩张，普通民众对移动用车的认知度提高。随后，滴滴打车和快的打车推出滴滴专车和一号专车，进入专车领域。哈哈拼车、嘀嗒拼车、天天用车、微微拼车、51用车等拼车软件相继上线，宝驾租车、凹凸租车、友友租车等租车软件上线。随着Uber进入中国市场，补贴大战愈演愈烈，中小平台多有死亡，摇摇招车、嘟嘟、百米等实力较弱的移动应用产品逐渐淡出人们视线，滴滴打车、快的打车成为中国移动打车领域的双寡头。2015年1月，传统租车企业神州租车上线推出神州专车，开始了企业转型。而在移动打车领域，核心企业开始谋求共赢，2015年2月滴滴打车和快的打车宣布合并，逐步结束补贴大战。2016年8月，滴滴出行收购Uber中国，在中国的移动出行行业正式形成了一家独大的格局。2016年，共享单车热潮来临，腾讯、红杉资本、华平资本以及高瓴资本等知名投资机构纷纷入驻，与此同时，共享汽车也开始积极布局并进入用户视线，共享出行需求不断延展，行业发展持续创新。摩拜单车和ofo等共享单车企业开始出现，优拜、小鸣、小蓝、骑呗等几十家平台涌现。2016年年初，中国进行分时租赁的企业达到了30家以上，所拥有的车辆达到了3万辆左右。从此，中国共享出行行业用户需求不断延展，行业持续创新。

概括来说，中国移动出行行业经历了2010—2012年的发展起步阶段、2013—2014年的补贴大战的激烈竞争阶段、2015—2016年的合并收购阶段和2016—2017年的需求延伸阶段，目前，各项细分领域经历优胜劣汰后进入相对稳定期。

3.1.2　发展历程

中国移动共享出行发展历程如表3.3所示。

表3.3　中国移动共享出行发展历程

时间	事件
2010年	中国首个互联网约车服务平台易到用车在北京成立
2011年	中国首个拼车信息汽车共享平台AA拼车网正式上线
2012年	电召手机App运营商摇摇招车上线； 快的打车在杭州上线、滴滴打车上线，提供出租车预约服务

表3.3(续)

时间	事件
2013 年	快的打车、滴滴打车分别获得阿里巴巴、腾讯的大额投资，大规模覆盖众多城市，开始接入移动支付终端； Uber 进入台北市进行试营运； PP 租车（总部在新加坡）开始在中国运营； AA 租车、爱拼车上线
2014 年	滴滴和快的推出滴滴专车和一号专车，开始进入专车领域； Uber 进入北京，并逐步覆盖广州、深圳、上海等城市； 哈哈拼车、嘀嗒拼车、天天用车、微微拼车、51 用车等拼车软件相继上线； 宝驾租车、凹凸租车、友友租车等租车软件上线 快的打车收购大黄蜂打车
2015 年	滴滴和快的进行战略合并，结束了双寡头竞争，形成一家独大的行业格局，并逐步推出快车、拼车、顺风车、巴士、代驾服务； 传统租车企业神州租车推出上线神州专车； 拼车、租车等平台逐渐发展； 专车应用异军突起 首汽约车推出，传统出租车企业向互联网约租车转型 易到用车被乐视控股
2016—2017 年	滴滴出行收购 Uber 中国； 共享单车快速发展，摩拜单车和 ofo 等共享单车企业开始出现，优拜、小鸣、小蓝、骑呗等几十家平台涌现； 共享汽车不断发展，汽车分时租赁略有规模的企业达 30 余家，市场总车队规模约 3 万辆； 各类共享出行平台继续发展
2018 年	多家汽车生产企业布局网约车领域
2019 年	小鹏汽车推出"有鹏出行"，并在广州上线

3.1.3 服务共享与硬件共享

移动共享出行包括服务共享和硬件共享两大类别，用户选择为享受服务支付费用或为使用硬件设备支付费用，如图 3.1 所示。不同共享方式催生不同的细分行业，其中，共享单车和共享汽车等是硬件共享，在这种模式下，用户租用单车或汽车等硬件产品。e 代驾和快的打车等是服务共享模式，在这种模式下，服务方提供代驾、车辆短期乘坐等服务。

图 3.1　共享出行行业图谱

资料来源：2017 年，TakingData 移动数据研究中心，《共享出行持续繁荣，刚需 or 泡沫——共享出行行业报告》。

3.2　出租车移动打车市场

3.2.1　现实问题

打车难是中国一、二线城市普遍存在的一个问题，也是推动移动打车行业发展的重要动力。

首先，近年来，中国的城镇化进程不断加快，农村人口不断向城市流动，而城市的土地和道路资源又十分有限。在中国的一、二线城市，出租车市场供求处于失衡状态。乘客乘车需求较大，出租车总量受调控政策的影响，很难满足乘客的乘坐要求。很多拥有私人小汽车的市民，在遇到交管部门严查酒驾、停车费用不断提高，或者类似北京市的出行车辆尾号限行时，都会选择放弃自驾私家车，改乘公共交通工具出行。出租车具有快速、私密、24 小时可提供服务、无须担心停车费和车位问题等众多优势，备受人们青睐。

其次，乘客和出租车司机信息和资源的高度不对称。一方面，乘客在上下班高峰期、节假日、恶劣天气时、深夜或偏远地区很难打到车，因为出租车无法准确及时地掌握乘客的出行需求。另一方面，出租车采用扫街式的拉客方式，经常出现空驶，耗油耗时效率低。为了提高收益，司机倾向于接单程较远的乘客，或者顺路可以进行交班等情况下的乘客。于是，就会出现司机选择性接单或出租车运营效率低下等问题。为了解决乘客和司机的信息不对称问题，有一个集中统一的调度平台非常重要，这样的调度平台既可以让乘客更方便打到车，也可以提高车辆的利用率。

再次，移动打车软件兴起，得益于移动互联网技术的巨大进步，包括物联网、移动互联、云计算和大数据等技术的不断发展。此外，智能手机不断普及，移动网民不断增加也是重要因素。根据艾瑞咨询集团发布的数据，在移动打车软件兴起的2013年，中国智能手机保有量达到4.8亿台，整体网民规模接近6.1亿人，其中移动网民接近5亿人，智能手机已经成了广大用户上网的主要载体。而移动网民规模的快速增长，产生了移动应用的庞大需求以及促进互联网技术飞速进步的巨大助推力。

最后，由政府建立的统一电召平台用户体验较差，无法较好地满足市场需求。2013年3月15日，交通运输部发布了《关于规范发展出租汽车电召服务的通知》。2014年7月，交通运输部又发布了《关于促进手机软件召车等出租汽车电召服务有序发展的通知》。这些通知呼吁各地主管部门，加强管理出租车电召服务平台，实现各类召车需求信息统一由电召服务平台运转，在车载终端进行播报，并同时要求各地交通运输主管部门监督手机软件召车信息服务商加强驾驶员终端软件的发放与使用管理，完善管理制度。政府部门希望通过对统一平台的打造，整合电话、App、网页这三种渠道，为市民提供更有诚信约束的服务。初衷虽好，然而现实问题却很多。因为技术落后，统一电召平台的人工操作太多，订单流转效率较低，用户等待时间太长，电话订单和手机App订单互通也存在问题，用户体验很差。此外，为了鼓励司机通过电召接单，主管部门提出加收电召费，试图将成本转嫁给乘客，广大乘客对电召平台并不了解，加价也并不符合市场规律，在额外收费并没带来更好的体验的情况下，乘客普遍不认可统一电召平台。艾瑞咨询2013年的数据显示，96.4%的司机更倾向于使用手机打车应用，而不是本地电召平台。以用户为中心的移动打车应用将司机和乘客连在一起，继续以用户体验优势和价格优势快速发展。移动打车应用降低了出租车空驶率，从而提高了出租车的运营效率，对缓解城市交通拥堵起到一定的作用，促进形成了更为智能和灵活的城市交通系统。

3.2.2 发展历程

移动打车应用自2011年出现以来，经历了高速发展期、激战期和寡头竞争局面，最终形成了一家独大的市场格局。2011年年底，摇摇招车成立，这是中国第一款打车软件；2012年，快的打车和滴滴打车先后上线；随后，移动打车应用在 2013 年年初达到数十款，移动打车应用不断地相互争夺用户，投资公司、互联网公司纷纷介入移动打车行业。自 2014 年 1 月起，快的打车和滴滴打车开始了补贴大战，总计补贴数十亿元。在快的打车和滴滴打车的烧钱攻势下，大部分打车软件被日益边缘化，同时打车软件在用户中的知名度大大提升，打车市场进入"双雄"时代。2015 年 2 月，滴滴公司和快的公司合并，从而滴滴打车和快的打车合并。合并以后，补贴大战和烧钱竞争结束，共赢发展局面形成。打车应用市场中一家独大的局面形成，滴滴、快的在出租车打车领域的市场份额占 98% 以上。2015 年 9 月 9 日，滴滴打车更名为滴滴出行。2015 年，滴滴出行拿到了上海市交通委颁发的第一个网络约租车平台经营资格许可。2016 年 8 月，滴滴出行与 Uber 全球达成了战略合作协议。根据该协议，滴滴出行收购 Uber 中国的品牌、业务、数据等所有在中国（不含港澳台地区）运营的资产，Uber 全球和滴滴出行相互持股。中国出租车移动打车行业形成了滴滴出行一家独大、少量网约车企业艰难生存的格局。2016 年 7 月，交通运输部发布了《网络预约出租汽车经营服务管理暂行办法》，该办法确立了网约车的合法地位，使中国成了第一个正式宣布网约车合法的国家，中国政府鼓励巡游车企业转型提供网约车服务。至此，中国出租车打车行业发展趋于稳定，如表 3.4 所示。

表 3.4　中国出租车打车应用发展历程

时间	2011—2012 年	2012—2013 年	2013—2014 年	2014—2015 年	2015—2016 年	2016 年至今
阶段	起步期	快速发展期	激战期	双寡头形成	战略合并	趋于稳定
概述	2011 年年底，中国首款移动打车应用——摇摇招车上线，出租车移动打车首先在一线城市兴起	2012 年，快的打车、滴滴打车等移动打车应用相继上线，移动打车行业快速发展	2013 年年初，移动打车应用软件达到数十款，投资公司、互联网巨头纷纷介入移动打车行业，移动打车应用开始争夺用户。同年 11 月，快的打车收购大黄蜂打车	2014 年，摇摇招车淡出人们视线，滴滴打车、快的打车成为移动打车领域的双寡头	2015 年 2 月，滴滴打车、快的打车进行战略合并；2015 年 9 月滴滴打车更名为滴滴出行；2015 年，滴滴出行第一个获得网络约租车平台经营资格许可	2016 年 7 月，交通运输部发布《网络预约出租汽车经营服务管理暂行办法》；2016 年 8 月，滴滴出行收购 Uber 中国

出租车移动打车进入稳定期体现在以下几个方面：对于新的运营模式，官方政策逐渐明朗；出租车移动打车的盈利模式开始明晰；广大用户的使用习惯逐步养成；企业竞争优胜劣汰，初步形成一定的商业格局。

3.2.3 出租车移动打车应用的商业模式与制度创新

3.2.3.1 出租车移动打车应用的运作流程

出租车移动打车应用是连接乘客和司机的服务平台，由乘客发起乘车需求，需求经过智能叫车系统的地图定位和预估费用生成订单。随后，智能叫车系统将订单推送至司机端，由司机抢单，或者由平台直接计算最优方案后自动派单。司机接到订单后，系统推送车辆和司机信息给乘客，并为司机提供路线导航。乘客按照推送的信息到达上车地点，乘坐所预约的车辆，行程开始。平台为司机提供导航，并接受实时的行程变更，到达目的地后，平台开始计算该行程花费的实际费用。乘客支付旅程费用，交易结束。乘客可通过平台评价司机和服务，收藏司机信息，给司机发消费打赏等。出租车移动打车应用的运作流程共分为订单生成、订单接收、订单处理、向司机派单、导航监督交易全程、费用支付、售后评价等几个步骤。

3.2.3.2 出租车移动打车需要处理的核心环节

出租车移动打车需要处理的核心环节包括需求处理、派单、需求对接、售后纠纷处理等几个方面。长期以来，出租车的运营由单个司机独立决策，缺乏统一的中央控制系统，决策效率低下，空驶率高，需求与服务无法有效衔接。出租车移动打车软件利用实时互联网定位技术，把原来极度分散的供求信息高度聚合起来进行匹配，精准连接需求和供给信息，并第一时间推送给需求方和供给方，建立了有效的需求处理系统和机制。移动打车应用在地理信息系统平台的支持下，通过运营商（移动、联通和电信）无线通信网络或外部定位方式，获取用户的位置和情景信息来实现定位和导航服务。移动打车应用还可以利用大数据和强大的算法根据供需来动态定价。此外，移动支付的实现也为移动打车应用的广泛使用提供了技术支持。交易的数字化，使移动支付的费用更加透明。第三方平台的介入，有效避免了漫天要价和恶意绕路情况的发生。

3.2.3.3 出租车移动打车应用的制度创新

出租车移动打车应用进行着一系列的制度创新。例如，推行了动态价格调整机制。综合考虑出租车运营成本、居民与驾驶员收入水平、城市交通状况、市场供需、服务类别与质量、品牌等要素，对出租车移动打车进行动态定价，运价与燃料价格联动等。再比如，建立了信用评价体系和交易保障体系。通过信用评价体系，乘客可以对司机进行评级，确定星级，在选择车辆时，乘客可以查看司机的驾龄等资质和信用情况。应用中设置取消扣费、处罚恶意跳单行为的渠道，来惩戒双方的不当行为。交易保障体系包括制度保障体系、售后纠纷解决机制等。通过微信、支付宝等第三方支付平台的介入，确保双方的资金安全，设立投诉惩罚机制、全程录音功能用于解决双方纠纷和分清赔偿责任。而以上这些制度，在传统的巡游出租车行业中都是没有的。

3.3 专车（快车）

随着生活水平的提高，人们对出行服务的要求也日益多元化。专车服务的飞速发展，源于中高端群体的出行需求。一部分大城市汽车限购摇号，即使买了车也可能遇到限号、限行的问题，而这些城市的出租车早已供不应求，导致这部分中高端群体出行困难。同时，这部分人群也不愿意乘坐公交地铁等公共交通工具，在路边打车也并不容易。此外，传统出租车的服务质量相对较低，车内舒适度一般，空间有限，无法满足乘客多样化和差异化的需求。随着互联网技术的不断进步，智能移动终端和移动支付逐步普及，GPS 定位系统和调度系统更加精准有效，在线评价等信用体系逐步实现，所有的这些配套技术全方位地支撑着专车服务不断完善。截至 2018 年，主要的专车平台有 Uber 专车、滴滴专车、神州专车、易到等。专车服务满足了人们对高品质出行、差异化和多样化服务的需求。专车业务有着清晰的盈利模式，可以根据不同的车型和车辆档次差异化定价。专车业务吸引了大量移动用车企业进军该市场。

3.3.1 发展历程

2010 年，中国首家专车服务企业易到用车成立，2013 年 Uber 开始在台北运营，同年，AA 租车成立。2014 年 7 月和 8 月，快的打车和滴滴打车旗下的一号专车、滴滴专车上线；2014 年 7 月，Uber 正式进入北京市场；2015 年 1 月，神州租车旗下的神州专车上线。2015 年 2 月，滴滴打车和快的打车合并，并逐步推出快车（专车）业务，专车服务开始在全国迅速发展起来。2016 年 8 月，滴滴出行收购 Uber 中国。

3.3.2 运营情况

乘客通过移动终端发送用车需求，根据位置定位情况，在乘客地理位置附件的专车司机进行响应。与出租车移动打车不同，专车的服务提供方并非出租车公司，而是私家车车辆和汽车租赁公司。与之前出租车服务的单一化状况不同，专车服务的用户可以选择不同价位和档次的车辆，从而满足自身不同层次的服务需求。此外，据统计，专车服务的乘客等待时间较短，在美国较大城市的市区路段，Uber 的平均等待时长不到 5 分钟；在中国的大中型城市市区，滴滴打车、快的打车、神州专车的等待时间也一般不会超过 10 分钟。专车用户有更好的用户体验。绝大多数专车的车况比出租车更好，空间更大，设施更完善，可以选择不同的车型，包括一些高端豪华车型，专车能够提供饮料、纸巾、充电装置、Wi-Fi 等服务。根据兴业证券研究所 2016 年的报告，中国专车服务运营基本情况如表 3.5 所示。

表 3.5　中国专车服务运营基本情况

项目	内容
车辆来源	◇与汽车租赁公司合作 ◇公司自有车辆 ◇私家车
司机来源	◇劳务公司 ◇公司自有司机团队 ◇私人车主
App 功能	◇预约出行、即时出行 ◇语音呼叫、在线交流、实时定位
支付手段	◇微信支付 ◇支付宝支付 ◇事先储值支付
附加服务	◇更高端的车辆 ◇更舒适的体验 ◇Wi-Fi、纸巾、饮料、充电装置等

表3.5(续)

项目	内容
补贴措施	◇乘客端：首单免费、优惠券、红包补贴 ◇司机端：红包补贴、保底金、按接单量给奖金

资料来源：2016 年，兴业证券研究所《移动用车系列报告之二——多服务模式发展，塑智慧出行新方式》。

3.3.3 运营模式

专车（快车）服务主要的运营模式有 C2C 和 B2C 两种，如图 3.2 和图 3.3 所示。

在 C2C 模式下，司机和车辆均来自私家车车主和私家车。第三方汽车租赁公司负责对接车辆资源与司机。第三方平台对接 C2C 专车服务商和用户，为专车服务商提供客户。部分增值产品提供商为专车提供饮料、纸巾、充电装置和 Wi-Fi 等增值服务。C2C 是一种私家车加盟的轻资产运营模式。这种专车服务模式的运营成本较低，但服务质量监控难度更大，私家车车辆运资质管理也存在一定的难度和风险。C2C 模式的代表应用有滴滴出行和快的打车（快车业务、部分专车业务）、Uber（人民优步）等。

在 B2C 模式下，专车服务商负责购买汽车，或者通过与汽车租赁公司合作，以获取车辆资源、司机和专车服务商。B2C 模式的司机一般由专车服务商通过严格考核招聘，并进行培训，以保证有高质量的专职司机为用户提供服务。第三方平台为用户提供叫车平台，为专车服务商提供客户。增值产品提供商为车辆提供饮料、纸巾、充电装置和 Wi-Fi 等，智能硬件提供商为车辆提供移动通信设备、车载终端等智能硬件。B2C 模式的服务质量较高，但运营成本也较高。购买或租赁和维护车辆、支付人员费用需要花费大量的资金。B2C 模式的代表应用有神州专车、滴滴出行和快的打车（部分专车业务）、Uber（部分中高端专车）等。

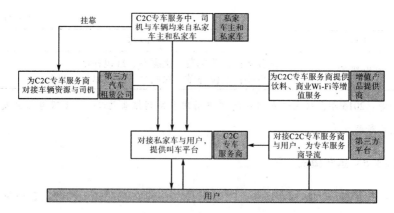

图 3.2　C2C 专车商业模式

（资料来源：2016 年，兴业证券研究所，《移动用车系列报告之二——多服务模式发展，塑智慧出行新方式》）

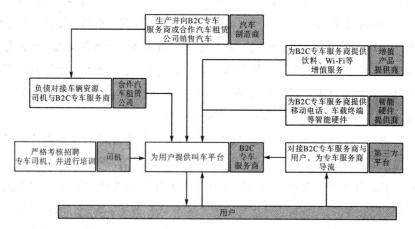

图 3.3　B2C 专车商业模式

（资料来源：2016 年，兴业证券研究所，《移动用车系列报告之二——多服务模式发展，塑智慧出行新方式》）

3.4　顺风车（拼车）

3.4.1　产生背景

顺风车是个人向个人提供的出行共享服务，通常是指车主在自己出行的同时，可以顺路带一些同路的人一起上下班、上下学、商务出行、旅游等。乘客通过平均分摊出行费用得到方便和实惠，同时车主通过赚取一些费用来补贴养车费用。

与其他共享出行方式相比，顺风车有较明显的价格优势。截至 2017 年 6 月，以北京为例，顺风车的价格为三公里以内起步费 12 元，三公里以外 1.5 元/公里。相比起步费 14 元+每公里 2.6 元+每分钟 0.6 元低速费的专车以及起步价 13 元+每公里 2.3 元+1 元燃油附加费的出租车而言更便宜。其目标车主主要是有可用车辆并希望分担油费的私家车主，其目标用户主要是希望以较低价格出行且避免公交地铁拥堵的上班族。根据普华永道 2017 年 6 月发布的数据，60%拼车软件用户主要使用场景为上下班通勤，40%的用户会临时出行，近 38%的用户在外出游玩（休闲）时使用，因为私家车无法出行而使用的用户大概占 37%，还有约 36%的用户提到出行转乘，使用场景为工作时间内商务外出的用户占比不到 30%。顺风车以分担出行费用为目的；以滴滴顺风车为例，平台收取每单 5%的服务费作为的佣金。就整个出行市场而言，当前公共交通、出租车等车辆运力远远无法满足中国较高的市场需求。

中国一、二线城市交通状况较差，上下班高峰时段拥堵严重；中国一、二线城市限购限行政策抑制私家车出行。公共出行服务供给不足，难以满足出行需求；车辆购买、使用、保养成本快速提升，车辆出行座位空置，造成资源浪费。把私家车的余座资源利用起来，无疑是一个很好的市场机会。长期使用专车，费用较高，对于普通人来说，顺风车既能满足需求，又能节约成本。一方面，日益上涨的油费、停车费以及交通拥堵、可能因故（饮酒等）无法开车出行等情况，激发了拼车市场的进一步发展。另一方面，技术提供了保障：移动互联网、智能移动终端的普及；智能拼车路线算法的系统更新；GPS 定位系统的应用，移动端支付的出现与普及。

3.4.2 发展历程

最早在 2011 年拼车 App 相继出现并在 2015 年迎来快速发展，市场竞争依然激烈。拼车软件出现以后受到资本市场的青睐，数据显示，仅 2014 年就有超过 20 个拼车 App 获得融资，进入 2015 年以后，拼车类应用更是引得互联网巨头"逐鹿中原"，纷纷投资或开通相关服务。其中，嘀嗒拼车于 2015 年 5 月获得 1 亿美元的 C 轮融资；51 用车和天天用车分别于 2015 年 3 月和 4 月获得了百度领投的千万美元 C 轮融资。2015 年 6 月滴滴出行上线顺风车业务，进入拼车市场，滴滴出行利用 App 本身的巨大流量不断培育客户，如图 3.4 所示。顺风车市场上，滴滴顺风车、嘀嗒拼车和天天用车曾一度占到市场份额的 90% 以上，出现拼车市场的寡头时代。

在制度方面，拼车领域的政策环境相对宽松。在 2014 年元旦期间，北京市交通委正式出台《北京市小客车合乘出行的意见》来支持拼车的运作。北京市政府开始保护拼车的合法地位，并逐渐认识到拼车对于环境保护所具有的重要意义。然而，相关的法规并不完善，政府的支持体现在大方向，拼车市场背后依然存在着让人担忧的诸多行业痛点，比如安全问题、法律纠纷问题、智能匹配问题等都尚未得到很好的解决（例如，是否能实时出发，拼到车的概率是多少，寻找拼车对象需要花费多少时间成本等），导致顺风车市场发展受到了一定的限制。

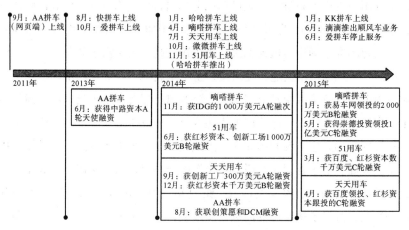

图 3.4 中国移动拼车市场发展历程

（资料来源：2016 年，兴业证券研究所《移动用车系列报告之二——多服务模式发展，塑智慧出行新方式》）

3.4.3 运营模式

拼车主要针对的群体是大城市的通勤人群，有搭乘需求的乘客提前通过拼车应用发布自己的乘车需求，说明自己何时需要从何地乘车到何地，附近的车主根据发布的需求情况，进行抢单。订单分配完成后，乘客和车主按照之前约定的接送时间和地点进行交易。在搭乘完成以后，乘客通过平台进行付费，此外，车主和乘客之间可以进行相互评价。拼车定位"共同出行"，采用 C2C 运营模式。拼车模式是城市交通共享经济的体现，可以有效实现对闲置交通资源的重新分配和剩余价值的再利用，减少了交通拥堵等。对资源所有者而言，通过共享方式获取一定收入，将沉没成本转变为收益；对资源使用者而言，增加其消费选择，降低服务使用成本。随着城市规模的不断扩大，很多城市的上班一族所需的通勤时间不断延长。拼车搭乘在节省资源的同时，也可以促进乘客与车主的交流沟通，实现便捷性和实时性。拼车行为最初只是熟人拼车、线下拼车，随着平台服务的不断成熟，拼车慢慢发展为线上拼车、移动端拼车的陌生人拼车模式。

目前，中国移动拼车服务的运营模式已基本趋向一致，各拼车应用主要在用车体验和附加服务上进行差异化竞争。在用车体验方面，企业间更多是从适用场景、价格机制上进行优化；在附加服务方面，企业间更多是从社交上进行优化。拼车应用作为城市交通 O2O 中的强社交产品，在社交方向有很大想象空间。中国典型移动拼车企业服务内容对比如表 3.6 所示。

表 3.6　中国典型移动拼车企业服务内容对比

	嘀嗒拼车	51 用车	天天用车
通用场景	上下班拼车	上下班拼车	上下班拼车
车型区分	所有车型同价	按车型定价	按车型定价
价格机制	固定价格：可选择感谢费	固定价格	固定价格
车主设置	支持顺路偏好：支持时间偏好	支持顺路偏好	支持顺路偏好
临时拼车	列表模式：地图模式	列表模式	临时路线设置
评价体系	车主乘客互评	车主乘客互评	乘客评价
用户标签	用户个性标签		用户个性标签
用户关系	关系球，展现用户关联性		
用户社群	嘀嗒广场，实时展示用户		行业圈、天天圈

资料来源：2016 年，兴业证券研究所，《移动用车系列报告之二——多服务模式发展，塑智慧出行新方式》。

3.5　移动租车市场

3.5.1　产生背景

传统的汽车经营性租赁服务，分为短租和长租。短租主要为出差、旅游的用车需求，或因个人原因暂时无法买车但又短时间内急需用车的临时需求。长租主要是企业客户的商用需求较多，或因限购无法买车的有驾照无个人车辆的用户。经营性租赁一般最少按天起租，相较于分时租赁，客户单位起租的时间更长。从使用成本的角度而言，一次性需要支付的费用也相比分时租赁要高出不少。经营性租赁通过向个人和企业提供租车业务，获取租金收益。

随着国民收入的不断提高，人们既愿意租车也完全可以承担租车的费用，2011年至2016年，中国汽车租赁市场规模不断扩大。租车具有一定的优势和便利性。用户不必一次性支付购车费等一大笔款项，租车无须办理车辆保险，无须进行车辆的年检和维修，发生交通事故时，租赁公司能全力协助，节省养路费、保险费、保养费以及维修费等。用户可根据实际需求选择不同的车型。用户仅需支付每一次租车的费用。用户可以把买车、养车的负担转移给汽车租赁公司，并且使用的车型可以随时更新，无须担心自行购买车辆所带来的车辆无形损耗和折旧。消费者可以将租车节约下来的资金用于其他用途或投资，充分提高了个人资金的利用率；再加上不用考虑限购、限号等诸多问题，越来越多的消费者被汽车租赁服务吸引。

3.5.2 运营模式

随着移动用车市场的发展，基于共享经济理念的C2C（P2P）租车开始兴起，PP租车、宝驾租车、凹凸租车、友友租车等租车应用纷纷上线；传统汽车租赁公司神州租车和一嗨租车，也开始投入大量资金和资源在移动租车上，并开始稳步发展。

移动租车市场主要包括传统B2C租车和新兴的C2C（P2P）租车。这两种租车模式之间存在着一定的差异，其中传统的B2C租车，扩张速度较慢，而负债率却很高，利润率较低，属于重资产模式，但这种形式的资产管控能力很强；可以更为有效地保证所提供服务的品质好和标准化要求。新兴的C2C（P2P）租车属于轻资产模式，摆脱了传统租赁的重资产负担，无须采购车辆和布局门店，扩张速度快同时利润率高，但在线下服务上，服务的质量和标准化还需完善。C2C（P2P）租车是一种走轻资产路线的租车服务模式，如PP租车、凹凸租车等C2C（P2P）租车服务平台并不持有车辆，而是通过搭建共享平台为车主和租车用户提供信息配对。这样不但让私家车提高了车辆的使用率，为车主带来了利润，同时用车人也可以以相对便宜的价格满足自己的用车需求，可谓一举两得，实现共赢。C2C（P2P）租车属于租车领域的新兴细分行业，以个人向个人租赁车辆，出行平台收取中介费用作为商业模式开展运营。但是发展情况并不乐观，自 C2C（P2P）租车兴起以来，由于进入门槛低，缺乏监管，安全性问题时有曝出，导致租方和借方之间没有足够的信任度；同时，竞争优势不明显，C2C（P2P）租车虽然相比传统租车价格较低，但是相比顺风车、快车等优势不强；用户黏性以及用户再使用的频率都不高。

整体来看，租车应用中覆盖率排名第一的是神州租车，其次是 PP 租车、一嗨租车、宝驾租车，神州租车和一嗨租车都提供长租、短租、自驾、代驾等服务。传统租车对公司资产有绝对的控制权，提供的服务更全面；C2C 租车是一个平台式应用，将私家车和用车者联结来，功能也相应较少。就盈利模式而言，分为 B2C 收取用车费、C2C 收取平台服务费。就目前来说，出租车的叫车不向乘客收取任何信息发布方面的费用，尚无盈利空间。但是出租车叫车使用较为频繁，产生了巨大的流量，带来了大量的用车需求，这些需求可能会因为人们无法叫到出租车而转向专车、拼车、顺风车等领域，而这些服务已经有明确的盈利模式。B2C 模式收取用车费。以 B2C 模式运营的服务主要盈利来自乘车收入扣除车队运营费用（包括司机工资奖金、车辆租赁、折旧维修等费用）。滴滴快的的巴士业务盈利来自车票收入、神州专车来自乘车收入扣除司机工资奖金及车辆维护折旧费用、神州租车来自租金收入扣除车辆折旧、维修等费用。C2C 模式收取平台服务费。以 C2C 模式运营的服务主要盈利来自收取的平台信息服务费。滴滴专车（含一号专车）、Uber 专车、拼车、PP 租车、代驾、试驾目前的盈利模式均是收取一定比例的车费作为平台服务费。专注移动租车的软件有神州租车、一嗨租车、PP 租车、宝驾租车等，可以提供城市定位、自驾长租、自驾短租、自驾时租、顺风车、专车接送、24 小时租车服务、导航和周边查询等多项功能供用户选择。而综合性的滴滴、快的和Uber 软件中既含有 B2C 模式的服务也有 C2C 模式的服务。移动租车市场分类如图 3.5 所示。

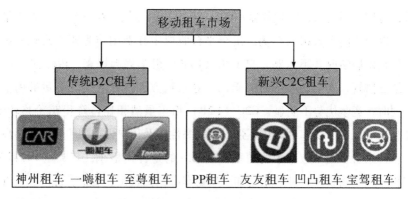

图 3.5　移动租车市场分类

（资料来源：2016 年，兴业证券研究所，《移动用车系列报告之二——多服务模式发展，塑智慧出行新方式》）

3.6　分时租赁

分时租赁是一种按照租用时间来向个人或企业收取租赁费用的汽车租赁业务，是传统经营性租赁的一种新模式，也是一种共享模式的短租业务。分时租赁按照用户用车需求和用车时长进行计费，收费通常以小时和分钟计算。分时租赁实现了汽车的随取即用，灵活方便。

3.6.1　产生背景

随着中国经济的飞速发展和城镇化水平的不断提高，人们的出行需求不断增长，然而，中国的道路资源却相对紧缺，矛盾突出。中国的人口基数大、人口集中度高，密度大。汽车经营性租赁业务不发达。同时，中国的智能手机普及率高，中国大数据和云计算发展迅速，共享性质的汽车分时租赁有成熟的使用环境和基础技术保障。移动支付手段和人们的支付习惯已经成熟。此外，中国的互联网征信体系也在逐步完善中。与传统的租赁汽车相比，分时租赁在价格、灵活度、便捷程度方面优势明显。与此同时，政府鼓励共享经济和新能源车的发展，鼓励绿色、低碳出行。2016 年 8 月，国家发展改革办公厅发布了《新能源汽车碳配额管理办法》（征求意见稿），2016 年 9 月，中国工业和信息化部会同相关部门发布了《企业平均燃料消耗量与新能源汽车积分并行管理暂行办法》（征求意见稿）都释放了对这种新形势的分时租赁业务的支持信号。推进新能源汽车分时租赁这种共享出行方式，是提升效率，节约资源，环境环境问题的又一个重要模式。分时租赁业务在政府的鼓励下享受各项优惠政策。

3.6.2 发展状况

分时租赁兴起于 20 世纪 90 年代，最早源于美国，经过 20 多年的发展，分时租赁在欧美国家已经成为一个比较成熟的行业。美国有四家主要的汽车分时租赁公司，分别为 Zipcar、car2go、Enterprise CarShare 和 Hertz，它们占据了全美汽车分时租赁市场份额的 95%。2016 年，美国的汽车分时租赁消费金额高达 16.4 亿美元，载客量 6 500 万人。2010 年以后分时租赁逐步在中国市场上发展起来。截至 2016 年年初，中国的汽车分时租赁企业已初具规模，并蓬勃发展，增速迅猛。多家汽车公司均在布局分时租赁市场，如上汽、北汽、戴姆勒、大众、吉利等。截至 2016 年年初，中国国内注册运营的分时租赁的企业数量已经达到 300 多家，其中规模较大的企业有 31 家。按照企业规模，拥有车辆超过 5 000 辆的企业有 3 家，分别为微公交、EVCARD（环球车享）和盼达用车；拥有车辆在 1 000～5 000 辆的企业共 14 家，分别为一步用车、GreenGo（绿狗租车）、Gofun 出行等；拥有车辆规模在 500～1 000 辆的企业有 6 家，包括 TOGO（途歌）、一度用车、宜维租车等；拥有车辆规模小于 500 辆的企业有 8 家。分时租赁业务在北京、上海、广州、深圳、厦门、青岛、三亚、桂林等知名旅游城市蓬勃发展。分时租赁企业重点布局一线和个别二线城市，并逐步涉足三四线城市。

3.6.3 业务群体与使用场景

分时租赁的消费群体包括企业用户和个人用户两类。目前较为代表性的是 B2C 业务，比如微公交、EVCARD、car2go 等。个人分时租赁也广泛存在于众多场景之中：第一，短途家庭出游。分时租赁可以满足无私家车的家庭短途出游的需要，对他们而言，分时租赁的方式具有私密性、灵活性的特点。第二，短途通勤。一类用户需要在社区、购物中心、公共服务区域固定路线进行短途通勤。通勤时间往往是上下班或者周末、节假日。第三，大学。许多城市的大学校园往往离城市中心较远，大学区域的公共交通匮乏或者非常拥挤，分时租赁的方式可以满足大学生外出郊游、购物等出行需求，该部分群体愿意尝试新事物，对广告和价格也较为敏感，是很有潜力的群体。第四，酒店和景点。外出旅游的人群，不便驾驶个人私家车前往异地，使用习惯上也比较偏好小汽车，出行的地点集中，路线也相对固定，比如酒店到机场、酒店到景区等。在中国，首汽 Gofun 已经和如家酒店合作，专门为此类旅游用户群提供服务。第五，中小企业业务员、销售、摄影记者等业务类场景。该场景群体因为携带行李较多，路线周转较多，使用分时租赁刚好便捷灵活，存放行李方便，很好地解决了他们的问题。政府机构、科技企业等也有一些业务上的接待任务，使用分时租赁更高效便捷。

3.6.4 技术支撑

为汽车分时租赁提供强有力支撑的是以物联网和移动互联网技术为核心的新一代信息技术。要实现汽车的分时共享，需要利用射频识别的无线传输，识别告诉运动的物体，从而采集汽车标识，采集传感数据。然后，利用无线通信技术、移动通信技术以及互联网技术，实现海量数据传输，利用大数据和云计算，实现数据的存储、查询、分析、挖掘和利用，才能实现对分时租赁出去的汽车的智能监控。

分时租赁的共享汽车关键技术包括：

（1）汽车电子技术，即汽车内部温度、压力、空气流量、位置的感知技术，和车辆整体对车外环境状况的感知技术。

（2）分时租赁汽车信息管理系统，包括公司车辆租赁模块、私家车加盟共享模块、拼车模块、充电管理模块、车辆管理模块，计费收费模块等。

（3）车辆监控系统，分为车载监控系统和车辆监控系统。主要实施行驶路线监控、车内外视频图像实时无线传输、车辆防盗窃防抢劫、事故快速响应、呼叫指挥、事故报警等。

（4）保险和维护系统，实时对接交警信息系统平台、车辆维护维修平台、保险信息平台。从三大平台中获取交通信息与实时导航服务、违反交规详情、安全驾驶与车辆故障诊断服务、保险公司意外保险赔付服务等。

3.7 共享单车

3.7.1 产生背景

各种形式的汽车共享出行方式极大地丰富了用户的出行选择，但是由于一些区域限制汽车通行，用户依然面临"最后一公里"只能靠步行的困难。而许多被限制车辆通行的区域，如大学校园、机关事业单位等机构通常面积较大，依靠步行存在着诸多不便。针对这样的问题，中国政府很早就开始运营公共自行车。2008 年，杭州市率先启用了公共自行车租赁系统，2009 年，武汉开始开设免费公共自行车站点。随后，全国有 100 多个城市建设了公共自行车项目。然而，政府主导的公共自行车系统存在取还车困难，充值方式不够便利等诸多弊端，用户使用率不高。在这一背景下，摩拜单车、ofo 共享单车、永安行、小鸣单车、小蓝单车等移动单车共享平台应运而生。这些移动平台使用无桩自行车的形式，取还车简便、支付和充值便利，解决了用户的痛点，受到了市场的青睐。摩拜单车、ofo 共享单车率先从高校校园入手，一时间取得了较大的成功。

3.7.2 使用方法

共享单车平台开发的共享系统，可以实现取车和还车都在无人监管下完成。大多数的共享单车自带电子控制锁，控制锁上设有一个一体化的便携式计算机，用户通过手机 App 联系自行车共享运营商，以获得指令，使用指令来解锁自行车。当用户结束行程后，需要使用复位密码锁车或者直接拨轮锁车。平台根据行程计算出所需费用，用户通过微信或支付宝等移动支付方式付费，完成交易。

以 ofo 共享单车为例，共享单车的使用方法具体如下：

（1）找到合适车辆。使用手机应用获取解锁码，点击 App 中"马上用车"图标，输入车牌号获得解锁码，或者扫描车身二维码，获取车辆信息，点击用车。

（2）解锁。键盘锁开锁，在共享单车上的键盘上输入解锁码开锁；拨轮锁开锁，从左往右拨动车身密码盘，使密码对准锁上的黄色基准线，按下开锁按钮开锁。

（3）骑行。App 记录用户骑行距离、所处位置等信息，并在骑行过程中为用户推荐或显示共享单车可停区域，供用户参考。

（4）停放。用户根据自己的目标位置和 App 的停放指引，将车辆停放在最近的安全区域，点击"结束使用"，拨轮锁上共享单车，或使用复位密码锁车。

3.7.3 共享单车的产业链

共享单车的产业链上游，包括传统的自行车零配件制造企业，如飞鸽、凤凰、凯路仕等，它们为共享单车生产普通自行车所有的零部件。还包括智能科技企业，如小米、华为、爱立信等，它们为共享单车提供智能锁、操作系统等技术支持。此外，还包括通信运营商，如中国移动、中国联通、中国电信等，它们为用户提供位置信息等通信服务。共享单车的中游，是摩拜单车、ofo 共享单车、永安行、小鸣单车、小蓝单车、优拜单车等运营商平台，他们和上游的企业合作，负责为用户提供服务，并对接自行车的维护保养工作。共享单车的下游是一些衍生服务。共享单车充当衍生服务提供商的角色，如为骑行俱乐部等机构定制骑行爱好者专属自行车，与旅游景点合作，为其提供特色的景点代步车等。此外，共享单车还与广告商合作，为广告公司提供用户出行数据，并精准在车身和 App 界面投放广告，与研究机构合作，进行数据挖掘，进一步推进制造业和物联网结合。

3.7.4 国内共享单车存在的问题

目前，中国共享单车的发展也存在着很多问题。国内共享单车活跃用户主要覆盖一线城市和部分发达二线城市，以地铁线路发达和全年气候适宜的城市为主。但共享单车的使用场景相对单调，主要应用于上下班、景区游览、校园代步等，使用人群主要集中在年轻一代的上班族、在校大学生等中青年群体，存在用户人群相对狭窄，拓展空间有限的情况。虽然一线城市对单车共享的需求十分旺盛，但是一线城市的地域容量有限，用车场景同质化，比如大部分人均是从地铁站骑行至某小区，这种情况就导致单车数量难以满足要求，而又很快达到饱和。此外，共享单车的车辆停放、后期维护问题突出，短期内数量猛增，为城市管理车带来了较大压力，管理精细化亟待增强。

4 研究设计和研究方法

4.1 研究设计的理论依据及哲学基础

4.1.1 理论依据

本书的目的是探究中国 O2O 移动出行行业场域观念制度变革的进程，揭示 O2O 移动出行行业背后主导的制度逻辑，探索制度逻辑如何通过分类塑造个体行为主体的认知，从而影响认知合法性，进而推进制度变迁。

制度逻辑通过社会分层和分类塑造行为主体的认知，从而影响认知合法性，推进制度变迁。制度逻辑提供一系列现成的分类，使某些主题或现象对个体而言更突出，从而使人们对某些活动者、客体实践更为关注。社会逻辑通过为个人和组织提供关于身份、动机和行动的词汇表来帮助决定关于过去的哪些方面、场景更能激发组织的身份、文化和战略的形成。同时，逻辑帮助决定关于主体、客体实践的分类中哪些被合理地考虑进去，以及这些分类的含义如何被理解（Ocasio & Steele，2016）。而分类的心理过程通常被称为"范畴化 categorization"（Ungerer & Schmid，2001）。范畴化是人类认知世界的最基本的途径和方法。束定芳（2008）在《认知语义学》一书中说："范畴化就是把不同的事物归为同一个类型的过程，或者说，是将不同的事物看作同一类事物的过程。这是人类认识世界，用语言表达世界的最基本的过程。"Lakoff 等（2003）在《女人、火与危险的事物》中强调了范畴化的重要，认为范畴化对于行动、感知、思维和语言来说，范畴化是最基本的，是人类认知世界的基本手段，是产生词汇需经历的早期阶段。对某一事物的命名，从一个人开始传给另一个人，因为事物之间的相似性，某些事物被归为一类。这一命名使用较多以后，便形成了固定的概念，对一种范畴的概念化之后，便用文字语义表示。也就是说，词汇是概念化和范畴化的结果。

4.1.2 哲学基础

在一段时间里，在社会科学领域包括管理学领域，存在着定性研究和定量研究的争议。传统的社会科学研究被实证主义和新实证主义主导，在方法上强调客观主义、可复制性、中立性、科学步骤、量化、概括化等，但量化研究存在假设检验方法不足的缺点，定性研究在不断增多。目前，在美国，定量研究仍然占据主导地位，而在英国和瑞典的管理学研究领域，定性研究占据上风。Alvesson 和 Deetz（2000）以管理学领域的领导力研究为例，指出在领导力研究中，新实证主义占据主导地位，但是这样的领导力研究有诸多重复和自相矛盾之处，而没能带来知识的累积，未能推动该领域的继续发展，产生更好的、更有支撑的理论。总的来说，定性研究在社会科学领域包括管理学领域不断增多，它为研究提供了更为广阔的可能和更为丰富的描述，对观点和意义有更强的敏锐性。本书将采用质性研究的方法，以期弥补量化研究对制度逻辑研究的不足。

不同的研究范式有着不同的哲学基础。表4.1对主要范式的本体论、认识论和研究方法进行了归纳。实证主义认为存在可以认识客观实在，人们可以通过认识客观规律来认识它。实证主义秉承客观主义的二元论，研究方法主要为定量研究方法。构建主义，认为现实是相对的，是主客观共同构建和交互影响的结果，秉承辩证和阐释的认识论，定性和定量的方法均有采用。批评分析认为，社会实在是由社会、政治、文化、经济、种族和性别价值观构建的，采用意识形态批评等批评主义的研究方法（Guba et al.，2005）。

表4.1 研究范式与哲学基础

研究范式	本体论	认识论	研究方法和途径
positivism 实证主义	存在客观实在，人们能够通过认识客观规律理解它	二元论，客观主义	实验法，可操作性，假设检验，事后回溯研究，主要为定量的方法

表4.1(续)

研究范式	本体论	认识论	研究方法和途径
constructivism 建构主义	相对主义，本土和具体共同构建的现实	交互影响，和主观主义的共同创造下的结果，辩证的，阐释的	访谈法、现象学研究方法、民族志的案例研究方法、传记法等定性和定量的方法
critical research 批评分析	历史现实主义，真正的实在是被社会、政治、文化、经济、种族和性别价值观构建的，是随时间的发展而形成的	交互影响，和主观主义的共同作用，价值调节的结果，现实的存在由导向的社会偏见创造，辩证的，对话的	历史回顾，意识形态批判，行动研究批评主义的方法

4.2 研究思路

本书拟从中国O2O移动出行行业组织场域中的话语入手，采用Fairclough的三维分析框架，研究在组织场域中传播的新的概念范畴，从而揭示该范畴背后的制度逻辑。同时，根据观念范畴的变迁，分析场域观念制度变革的进程，梳理中国O2O移动出行行业制度创业的历程。

Fairclough（1989）认为，语篇（text）是话语实践（discursive）的产物，这个过程包括语篇的"生成（production）""传播（distribution）"和"接受（consumption）"，所有这些都是由特定的"社会实践（social practice）"条件决定的。Fairclough还提出了批评话语分析的三个层次："描写（describe）"语篇的形式结构特征；"阐释（interpret）"语篇与话语实践过程的关系；"解释（explain）"话语实践过程和它的社会语境之间的关系。

根据Fairclough的三维分析框架，"描写"层将进行单纯的文本分析，包括对语言运用、语法、词汇和文本结构的分析，定位在微观层面。随后，本书将对语言学描述结果进行阐释，分析文本间的互文和话语间性。Fairclough（1995）把语言分析和互文性分析视为语篇分析的两种互补形式，语言分析旨在说明语篇如何选择使用语言系统，互文分析则说明语篇如何选择使用话语秩序，也就是在一定的社会语境中，语篇生产者和解释者如何有效使用如体裁、话语、叙事等习俗化的实践。第三个层面"解释",将对新的词语范畴所产生的背景进行分析,拟结合社会结构的宏观背景来说明范畴化如何体现新的制度逻辑,并最终对制度创业产生作用的,定位于宏观层面,如图4.1所示。

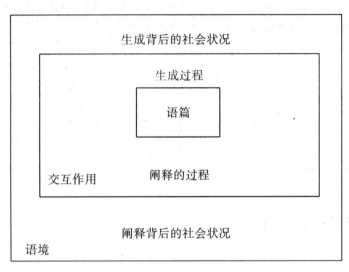

图 4.1 Fairclough 的三维分析框架

4.3 资料来源

本书的资料来源有三个方面:政策法规、行业报告、组织场域传播的新闻语料。

4.3.1 政策法规

2013—2017 年中国 O2O 行业政策法规如表 4.2 所示。

表 4.2 中国 O2O 行业政策法规(2013—2017 年)

发布时间	发布机构	文件名称
2013 年 3 月 15 日	交通运输部	关于规范发展出租汽车电召服务的通知
2013 年 5 月 7 日	北京市交通委员会运输管理局	北京市出租汽车电召服务管理试行办法

表4.2(续)

发布时间	发布机构	文件名称
2014 年 5 月 26 日	交通运输部运输司	关于促进手机软件召车等出租汽车电召服务有序发展的通知（征求意见稿）
2014 年 7 月 9 日	交通运输部运输司	关于促进手机软件召车等出租汽车电召服务有序发展的通知
2015 年 10 月 10 日	交通运输部	网络预约出租汽车经营服务管理暂行办法（征求意见稿）
2015 年 10 月 10 日	交通运输部	关于深化改革进一步推进出租汽车行业健康发展的指导意见（征求意见稿）
2016 年 7 月 28 日	交通运输部	网络预约出租汽车经营服务管理暂行办法
2016 年 7 月 28 日	国务院办公厅	关于深化改革推进出租汽车行业健康发展的指导意见
2016 年 11 月 3 日	交通运输部	关于网络预约出租汽车经营者申请线上服务能力认定工作流程的通知
2016 年 11 月 4 日	交通运输部	网约车监管信息交互平台数据内容
2016 年 11 月 7 日	交通运输部	关于网络预约出租汽车车辆准入和退出有关工作流程的通知
2016 年 11 月 8 日	交通运输部	关于明确网络预约出租汽车服务许可证件式样的通知
2016 年 12 月 28 日	交通运输部	网络预约出租汽车监管信息交互平台总体技术要求（暂行）
2017 年 1 月 6 日	交通运输部	网络预约出租汽车运营服务规范
2017 年 1 月 6 日	交通运输部	巡游出租汽车运营服务规范
2017 年 5 月 22 日	交通运输部	关于鼓励和规范互联网租赁自行车发展的指导意见（征求意见稿）
2017 年 6 月 1 日	交通运输部	关于促进汽车租赁业健康发展的指导意见（征求意见稿）
2017 年 8 月 3 日	交通运输部	关于鼓励和规范互联网租赁自行车发展的指导意见
2017 年 8 月 8 日	交通运输部	促进小微型客车租赁健康发展指导意见

4.3.2 行业报告

2013—2017 年中国 O2O 行业政策法规如表 4.3 所示。

表 4.3 中国 O2O 行业政策法规（2013—2017 年）

发布时间	来源	名称
2013 年 10 月 8 日	艾瑞咨询集团	2013 年中国手机打车应用市场研究报告
2014 年 12 月 16 日	TalkingData	2014 年移动打车应用行业报告
2015 年 4 月 20 日	艾瑞咨询集团	2014—2015 年中国移动出行市场研究报告
2015 年 6 月 23 日	TalkingData	2015 年热门移动叫车应用盘点
2015 年 7 月 20 日	TalkingData	2015 年出行 O2O 移动应用行业报告
2015 年 8 月 21 日	兴业证券	穷则思变、变则通达——上海出租车行业深度研究
2015 年 12 月 17 日	艾瑞咨询集团	2015 年中国网络约租车服务用户研究报告
2016 年 2 月 29 日	国家信息中心分享经济研究中心	中国分享经济发展报告 2016
2016 年 3 月 18 日	罗兰贝格	2016 中国专车市场分析报告
2016 年 3 月 22 日	艾瑞咨询集团	2016 年中国移动端出行服务市场研究报告
2016 年 4 月 27 日	兴业证券	智慧交通系列报告之一——关键数据解读行业
2016 年 5 月 11 日	兴业证券	移动用车系列报告之二——多服务模式发展，塑智慧出行新方式
2016 年 10 月 8 日	艾瑞咨询集团	2016 中国网约车新政对市场影响度监测
2016 年 10 月 8 日	TalkingData	2016 共享单车人群分析报告
2016 年 10 月 8 日	国家信息中心信息化研究部	徐清源：中澳网约车合法化进程与治理经验对比
2016 年 11 月 21 日	国家信息中心信息化研究部	郝凯：网约车大国怎么做？——中美专车政策漫谈
2017 年 1 月 1 日	艾瑞咨询集团	2016 年中国高端出行行业案例报告

表4.3(续)

发布时间	来源	名称
2017 年 1 月 12 日	第一财经商业数据中心和滴滴出行	2016 智能出行大数据报告
2017 年 2 月 6 日	国家信息中心分享经济研究中心	中国分享经济发展报告 2017
2017 年 3 月 1 日	艾瑞咨询集团	2017 年一季度中国共享单车行业研究报告
2017 年 3 月 1 日	TalkingData	共享出行持续繁荣，刚需或泡沫？——共享出行行业报告
2017 年 3 月 1 日	普华永道	汽车分时租赁——发展趋势、商业模式及解决方案
2017 年 4 月 12 日	罗兰贝格	汽车分时租赁如何在中国获得成功
2017 年 5 月 16 日	艾瑞咨询集团	2016—2017 中国互联网汽车分时租赁市场研究报告
2017 年 6 月 19 日	普华永道	共享出行正当时——中国共享汽车现状与趋势
2017 年 7 月 2 日	兴业证券	共享单车上线，移动物联新场景落地
2017 年 7 月 5 日	CBNDData	2017 中国共享出行行业大数据观察

4.3.3 组织场域传播的新闻语料

反映关于认知范畴的"共同理解"（认知合法性，关于社会实在的性质的共同理解）在组织场域中的呈现。

（1）新闻语料基本情况：发布时间为 2013 年 3 月 6 日—2017 年 8 月 28 日。

（2）新闻来源：

新闻来源于 120 多家媒体：中国政府网、中国证券网、中国新闻网、中国网、《中国青年报》《中国企业家》《中国经营报》、中国经济网、《经济日报》、交通运输部网站、中国交通新闻网、中国广播网、《中国产经新闻报》《证券时报》、证券时报网、《证券日报》—资本证券网、《证券日报》、浙江在线、《浙江日报》、长城网、映象网、《羊城晚报》、央视网、央广网、《信息时报》《新闻晨报》、新浪网、《新快报》《新京报》《新疆晨报》、新华网、新华社、《新华日报》《消费日报》《现代快报》《西安晚报》《武汉晚报》《文汇报》、网易、《投资者报》《通信信息报》、天下网商、腾讯网、钛媒体、搜狐网、四川在线—《天府早报》、四川在线—《华西都市报》《上海证券报》《上海商报》、上观新闻、《商业价值》、山西新闻网、赛迪网、人民网、《人民日报》《钱江晚报》、澎湃新闻网、《南京晨报》、南海网—《海南日报》、南方网、《南方日报》《南方都市报》《每日商报》《每日经济新闻》、猎云网、雷锋网、雷帝触网、蓝鲸网、《兰州晨报》、经济观察网、《经济观察报》《经济参考报》《京华时报》、金羊网—《羊城快报》、金羊网—《新快报》、界面、《解放日报》《环球企业家》《华夏时报》《华尔街日报》中文网、华尔街见闻、虎嗅网、《河南商报》、和讯新闻、《杭州日报》、国家信息中心网、国际在线、《国际金融报》《广州日报》、光明网、《光明日报》、观察者网、《福建日报》、凤凰网、《法治周末》《法制晚报》《法制日报》、读懂新三板、东南网、《东方早报》、东方网、第一财经网、《第一财经日报》、大洋网—《广州日报》、大河网、车质网、财新网、财经网、北青网—《北京青年报》《北京晚报》《北京商报》《北京日报》《北京晨报》、TechWeb、PingWest、《IT时报》、CNBETA网站、《21世纪经济报道》《财经》、大洋网—《广州日报》、i黑马、DoNews、36氪。

（3）语料字数：597 528字。

（4）新闻主题列表：参见附录A。

4.4　具体分析步骤

本书拟采用的具体分析步骤如下：

第一步，根据Fairclough的三维分析框架，采用语料库软件AntConc 3.2.0，进行第一个层次的描述性分析，即"描写（describe）"。

首先，从19部中国移动出行相关的政策法规和26部相关行业报告中，摘取新的概念范畴词汇，通过合并相近意义的词汇得出分类表。

其次，使用语料库软件AntConc 3.2.1对核心词汇进行分析，使用Concordance功能，分析词频、词语概念的搭配。

第二步，按照Fairclough的三维分析框架，对描述分析结果进行"阐释

（interpret）"。使用 Concordance Plot 共显索引/索引定位功能，分析某一新的类属意义在不同文本间的扩散情况，即文本间，人们对某一事物共同指标达成一致的情况/程度，信息扩散的程度，也就是，对待新制度形式，共享观念的达成情况。

根据核心范畴的频次曲线，结合话语实践的情况，分析观念制度的形成过程，从而解释组织场域中制度创业的进程情况。结合传统的 cross－period analyses 把场域演进的过程分为重要的历史时期（Lieberman，2001）。根据 Hoffman（1999）和 Child、Luyuan（2007）的研究方法，确定促进中国 O2O 移动出行行业制度系统建立和发展的事件和活动，即使用关键事件法，从而确定制度的三大要素形成的时间。关键事件是在一定时间内指定环境中影响制度发展轨迹的事件（DiMaggio，1991；Hannan & Freeman，1989；Prechel，2000；North，1990；Child & Luyuan，2007）。关键事件如出租车司机罢工等群体性事件、政府听证会、发布交通行业白皮书、新立法。关键事件显示了制度发展不同阶段的边界。根据核心范畴的频次曲线，与该种分类方法进行对比分析，最终确定中国 O2O 移动出行行业场域变革的核心阶段。

第三步、根据 Fairclough 的三维分析框架，对社会宏观背景进行解读，"解释（explain）"新范畴产生背后的权力和意识形态，深层次的制度逻辑，以及制度逻辑对制度创业产生的作用。

4.5　研究工具介绍

AntConc 是语料库语言学常使用的一个有力的工具，也是当今的语料库语言学领域的一个权威软件，为基于语料库和语料库驱动的研究提供着巨大的支持。AntConc 是由日本早稻田大学科技学院 Laurence Anthony 编写，是一款跨平台语料处理软件。该软件具有索引、词表生成、主题词计算、搭配和词族提取等多种功能。AntConc 的基本功能是从庞大的语料中检索提取某个词语或短语的所有词条。此外，AntConc 又一项主要功能是根据某个语料库，统计生成词汇的词频表。AntConc 还可以通过比较两个不同的语料库，来探寻主题词，即发现所研究的语料库中频率超常的词语。但是，计算主题词需要观察语料库（observed corpus）和参照语料库（reference corpus）两个对比语料同时进行研究。

使用 AntConc 工具可以对话语文本进行总览式的分析，例如，使用 word list 可以对词频进行排序，可以使词频一目了然；使用类符型符比 type token 可以判断所研究的文本的词汇量丰富程度。使用检索功能 concordance 可以将所有包含被检索词的句子片段罗列出来，为研究者提供被检索词所处的情景。使用检索情节 Concordance Plot 功能，能够直观地再现被检索词在整个文本中的位置和疏密程度。

4.6 可信性、可靠性和可验性

4.6.1 本书的可信性

定性研究的可信性是通过运用合理的实践方法为基础的数据收集和分析方法来实现。本书采用语言学基础的话语分析手段，对语料进行收集，建立了小型语料库，并借助语料库软件对研究文本进行分析，具有可信性。

4.6.2 本书的可靠性

定性研究的可靠性体现在决策过程遵守了严格的选择程序。每一个决策和选择的过程都有可靠的依据支持。整个方法论的决策链清晰，可以清晰地解释每一个决策的过程，从而保证研究的可靠性。本书采用了语言学家 Fairclough 的三维分析框架，每一个分析层面有相应的技术手段，整个方法论的决策链较为清晰，具有可靠性。

4.6.3 本书的可验性

定性研究的研究者需要表明，在研究过程中，个人的价值观和现有知识体系，对其研究设计、方法、数据收集和分析方法的选择所产生的影响。作为一项定性研究，本人的知识体系和价值观对该研究的设计、方法和数据收集产生了一定的影响。首先，本人的知识体系。本人的本科和硕士阶段均为英语语言文学专业，具备基本的语言学知识，能够结合管理学实践进行该项研究。其次，本人的价值观。在搜索新闻语料时，本人在开始阶段采用了关键词搜索的方式，关键词的选取受制于本人当时对这一事物的认知和价值判断，这对语料采集的结果产生了一定的影响。此外，遵循 Fairclough 的三维分析方法，特别是在第三个层面的分析中，研究者的个人经验、立场和动机等主体性特征有重要的作用。就个人经验而言，一方面，本人是一名每天都需要按时上下班的大学行政人员，所以我曾经体验过各种共享出行方式，如滴滴打出租车、快车、专车、共享单车，也使用过易到、滴滴、摩拜等多种共享出行软件。对共享出行迅速在中国发展普及的现象非常好奇，对这一制度创业形式有一定的个人体验，对这些新的制度形式背后的制度逻辑也有过长时间的思考。另一方面，本人在工作中也时常需要使用这些交通工具出门执行公务、异地出差等，在路途中有很多时间和专车、快车、网约车司机等有关人士进行面对面的交流，这对本人理解这一制度形式的各个层面也产生了一定的影响。最后，本人在泰国待了相当长的一段时间，据本人的体验，泰国的共享出行并没有中国那么普及。作为高校的国际交流部门工作人员，近年来，本人还去过一些欧洲和非洲的国家，也感觉在这些地方的共享出行并不如中国发展得那么如火如荼，所以，探寻中国制度环境下的这一制度创业形式，也让本人颇为好奇并饶有兴趣。从立场上来讲，本人支持共享出行的发展，觉得这一制度创业形式尽管有一些问题，但是总体而言是很有意义的。

5 质性分析的结果

本书首先从 19 部中国移动出行相关的政策法规和 26 部相关行业报告中，摘取新的概念范畴词汇，通过合并相近意义的词汇得出分类表。其次，使用语料库分析软件 AntConc 3.2.1 对核心词汇进行分析，使用 Concordance 功能，分析词频、词语概念的搭配情况。使用 Concordance Plot 共显索引/索引定位功能，分析某一新的类属意义在不同文本间的扩散情况，即文本间人们对某一事物共同指标达成一致的情况/程度，信息扩散的程度，也就是对待新制度形式，共享观念的达成情况。再次，根据 Fairclough 的三维分析框架，对描述分析结果进行"阐释（interpret）"。根据核心范畴的频次，结合话语实践的情况，分析观念制度的形成过程，从而展示组织场域中制度创业的进程情况。参考传统的 cross-period analyses 把场域演进的过程分为重要的历史时期（Lieberman 2001），根据 Hoffman（1999）和 Child、Luyuan（2007）的研究方法，确定促进中国 O2O 移动出行行业制度系统建立和发展事件和活动、关键事件（trajectory activities），从而确定制度的三大要素形成的时间。关键事件是在一定时间内指定环境中影响制度发展轨迹的事件（DiMaggio，1991；Hannan & Freeman，1989；Prechel，2000；North，1990；Child & Luyuan，2007）。关键事件如出租车司机罢工等群体性事件、政府听证会、发布交通行业白皮书、新的立法。关键事件显示了制度发展不同阶段的边界。通过以上分析，最终确定中国 O2O 移动出行行业场域变革的核心阶段。最后，根据 Fairclough 的三维分析框架，对社会宏观背景进行解读，"解释（explain）"新范畴产生背后的权力和意识形态，深层次的制度逻辑，以及制度逻辑对制度创业产生的作用。下面，笔者将从三个方面展示分析的结果。

5.1 描述性分析结果——描写

5.1.1 新的概念范畴词汇表

本书梳理了19部中国移动出行相关的政策法规和26部相关行业报告中新的概念范畴，结果如表5.1至表5.3所示。

表5.1 中国移动出行行业中新的政策法规核中的核心概念

来源	概念	定义或解释
交通运输部关于促进手机软件召车等出租汽车电召服务有序发展的通知（征求意见稿）	出租汽车电召服务	根据乘客通过电讯、网络等方式提出的预约要求，按照约定时间和地点提供的出租汽车运营服务，包括人工电话召车、手机软件召车、网络约车等多种服务方式
	手机软件召车服务	是近年来软件技术、移动互联网技术与出租汽车行业深度融合形成的新兴服务模式
	人工电话召车	可为不使用手机软件召车的乘客提供基本电召服务，有利于保障更多群众便利出行
关于促进手机软件召车等出租汽车电召服务有序发展的通知	出租汽车电召服务	包括人工电话召车、手机软件召车、网络约车等多种服务方式
	手机软件召车	能够为乘客提供高效便利出行服务，有利于提高服务效率和服务水平
	人工电话召车	能够为不使用手机软件召车的乘客提供基本电召服务，可有效保障群众公平享有便利出行服务
关于深化改革进一步推进出租汽车行业健康发展的指导意见（征求意见稿）	出租汽车	包括巡游出租汽车和预约出租汽车，是城市综合交通运输体系的组成部分，是城市公共交通的补充，为社会公众提供个性化运输服务
	巡游出租汽车	巡游出租汽车喷涂、安装明显的巡游出租汽车专用标识，可在道路上巡游揽客、站点候客；可通过电信、互联网等方式提供运营服务
	预约出租汽车	包括网络预约出租汽车和电话预约出租汽车等形式，具有预约出租汽车专用标识，不得巡游揽客，只能通过预约方式提供运营服务

表5.1(续)

来源	概念	定义或解释
网络预约出租汽车经营服务管理暂行办法（征求意见稿）	网络预约出租汽车经营服务	是指以互联网技术为依托构建服务平台，接入符合条件的车辆和驾驶员，通过整合供需信息，提供非巡游的预约出租汽车服务的经营活动
	网络预约出租汽车经营者	是指构建网络服务平台，从事网络预约出租汽车经营服务的企业法人
关于深化改革推进出租汽车行业健康发展的指导意见	出租汽车	是城市综合交通运输体系的组成部分，是城市公共交通的补充，为社会公众提供个性化运输服务。出租汽车服务主要包括巡游、网络预约等方式
	私人小客车合乘	也称为拼车、顺风车，是由合乘服务提供者事先发布出行信息，出行线路相同的人选择乘坐合乘服务提供者的小客车、分摊部分出行成本或免费互助的共享出行方式。私人小客车合乘有利于缓解交通拥堵和减少空气污染，城市人民政府应鼓励并规范其发展，制定相应规定，明确合乘服务提供者、合乘者及合乘信息服务平台等三方的权利和义务
网络预约出租汽车经营服务管理暂行办法	网约车经营服务	是指以互联网技术为依托构建服务平台，整合供需信息，使用符合条件的车辆和驾驶员，提供非巡游的预约出租汽车服务的经营活动
	网络预约出租汽车经营者(网约车平台公司)	是指构建网络服务平台，从事网约车经营服务的企业法人
	私人小客车合乘	也称为拼车、顺风车，按城市人民政府有关规定执行

表5.1(续)

来源	概念	定义或解释
巡游出租汽车运营服务规范	巡游出租汽车运营服务	可在道路上巡游揽客、站点候客，喷涂、安装巡游出租汽车标识，以七座及以下乘用车和驾驶劳务为乘客提供出行服务，并按照乘客意愿行驶，根据行驶里程和时间计费的经营活动。
	巡游出租汽车经营者	依法取得巡游出租汽车客运经营资格、提供巡游出租汽车运营服务的企业或个人
	巡游出租汽车车辆	依法取得《巡游出租汽车运输证》的车辆
	巡游出租汽车驾驶员	依法取得《巡游出租汽车驾驶员证》的驾驶员
	巡游出租汽车服务人员	直接或间接为乘客提供巡游出租汽车运营服务的人员
	巡游出租汽车电召服务	根据乘客通过电信、互联网等方式提出的服务需求，按照约定时间和地点提供的巡游出租汽车运营服务
	巡游出租汽车服务站点	有明显标志，允许巡游出租汽车停靠、候客、载客的场所
	待租	巡游出租汽车可提供载客服务的状态，运营标志显示"空车"字样
	暂停运营	巡游出租汽车不提供载客服务的状态，运营标志显示"暂停"字样
	议价	巡游出租汽车驾驶员与乘客协商收费的行为
	拒载	在待租状态下，巡游出租汽车驾驶员在得知乘客去向后，拒绝提供服务的行为；或者巡游出租汽车驾驶员未按承诺提供电召服务的行为
	出租汽车运营服务	以七座及以下乘用车和驾驶劳务为乘客提供出行服务并按乘客意愿行驶根据行驶里程、行驶时间或约定计费的运输经营活动
		（对2013年版定义做了更改）出租汽车运营服务，以小型营运客车和驾驶劳务为乘客提供出行服务，并按乘客意愿行驶，根据行驶里程或者行驶时间计费的运输经营活动

表5.1(续)

来源	概念	定义或解释
网络预约出租汽车运营服务规范	出租汽车运营服务	以七座及以下乘用车和驾驶劳务为乘客提供出行服务并按乘客意愿行驶根据行驶里程、行驶时间或约定计费的运输经营活动
		（对2013年版定义做了更改）出租汽车运营服务，以小型营运客车和驾驶劳务为乘客提供出行服务，并按乘客意愿行驶，根据行驶里程或者行驶时间计费的运输经营活动
	网络预约出租汽车运营服务	企业以互联网技术为依托构建服务平台，并通过网络服务平台接受约车人预约请求，使用符合条件的车辆和驾驶员，提供不在道路上巡游揽客、站点候客的出租汽车运营服务
	网络预约出租汽车经营者	从事网络预约出租汽车经营服务的企业法人
	网络预约出租汽车	依法取得网络预约出租汽车运输证的车辆
	网络预约出租汽车驾驶员	依法取得网络预约出租汽车驾驶员证的驾驶员
	约车人	向网络服务平台发送预约用车请求的人，可以不是乘客本人
	即时用车服务	约车时间与车辆按约定到达上车地点时间的间隔不大于30分钟的网络预约出租汽车服务
	订单	约车人通过网络服务平台，向网络预约出租汽车经营者提出的用车需求信息
	派单	网络预约出租汽车经营者接到订单后，根据约车人需求及所处位置等信息，指派相应驾驶员和车辆提供网络预约出租汽车服务的行为
	抢单	网络预约出租汽车驾驶员接到网络预约出租汽车经营者推送的订单后，根据自身情况应答接单的行为
	甩客	运营途中，未经约车人或乘客同意，网络预约出租汽车驾驶员无正当理由擅自中断载客服务的行为
	乘客爽约	乘客未按约定乘坐预约车辆，且未提前告知网络预约出租汽车经营者或驾驶员的行为

表5.1(续)

来源	概念	定义或解释
关于鼓励和规范互联网租赁自行车发展的指导意见（征求意见稿）	互联网租赁自行车（俗称"共享单车"）/分时租赁营运非机动车	是移动互联网和租赁自行车融合发展的新型服务模式，是分时租赁营运非机动车，是城市绿色交通系统的组成部分，是方便公众短距离出行和公共交通接驳换乘的重要方式
关于促进汽车租赁业健康发展的指导意见（征求意见稿）	汽车租赁	汽车租赁是指在约定时间内汽车租赁经营者将租赁车辆交付承租人使用，收取租赁费用，不提供驾驶劳务的经营方式
	汽车租赁车辆	是汽车租赁经营者提供车辆租赁服务以获取利润为目的而使用的机动车，应按照相关法律法规和技术标准规定到公安机关办理登记
	分时租赁，也称为汽车共享	是以分钟或小时等为计价单位，使用九座及以下小型客车，利用移动互联网、全球定位等信息技术构建网络服务平台，为用户提供自助式车辆预订、车辆取还、费用结算为主要方式的汽车租赁服务，是传统汽车租赁业在服务模式、技术、管理上的创新，改善了用户体验，为城市出行提供了一种新的选择，有助于减少个人购车意愿，一定程度上缓解城市私人小汽车保有量快速增长趋势以及对道路和停车资源的占用
关于鼓励和规范互联网租赁自行车发展的指导意见	互联网租赁自行车（俗称"共享单车"）/分时租赁营运非机动车	是移动互联网和租赁自行车融合发展的新型服务模式，是分享经济的典型业态。其是分时租赁营运非机动车，是城市绿色交通系统的组成部分，是方便公众短距离出行和公共交通接驳换乘的交通服务方式
促进小微型客车租赁健康发展指导意见	小微型客车租赁	是指在约定时间内小微型客车租赁经营者将小微型客车交付承租人使用，收取租赁费用，不提供驾驶劳务的经营方式
	租赁车辆	是汽车租赁经营者提供车辆租赁服务以获取利润为目的而使用的机动车，应按照相关法律法规和技术标准规定到公安机关办理登记
	分时租赁，俗称汽车共享	是以分钟或小时等为计价单位，利用移动互联网、全球定位等信息技术构建网络服务平台，为用户提供自助式车辆预订、车辆取还、费用结算为主要方式的小微型客车租赁服务，是传统小微型客车租赁在服务模式、技术、管理上的创新，改善了用户体验，为城市出行提供了一种新的选择，有助于减少个人购车意愿，一定程度上缓解城市私人小汽车保有量快速增长趋势以及对道路和停车资源的占用

表 5.2 中国移动出行行业报告中新的概念范畴

序号	来源	词汇
1	2013 年 10 月 8 日艾瑞咨询集团《2013 年中国手机打车应用市场研究报告》	手机打车、手机打车应用、手机打车企业、手机打车运营商、打车移动应用、第三方打车应用、打车 App 企业、手机应用叫车、接头拦车、用户、用户端、司机端、客户端、派单、抢单、LBS 类应用、电召服务平台、立即叫车、现在用车、预约叫车、预约用车、加价叫车、O2O 应用服务、智慧交通、车联网应用
2	2014 年 12 月 16 日 TalkingData《2014 年移动打车应用行业报告》	移动打车应用、移动打车市场、移动打车行业、移动打车领域、移动打车软件、移动打车用户、LBS、打车应用、补贴、价格补贴战、统一电召平台、出租汽车手机电召、出租车驾驶员、手机叫车终端、智能叫车系统、加价模式、司机端、抢单、打车需求、发送打车需求、派送订单、订单、用户覆盖量、用户覆盖区域、用户活跃量、用户使用频次、用户黏性、移动支付、打车业务、商务租车领域、租车业务、O2O 入口
3	2015 年 4 月 20 日艾瑞咨询集团《2014—2015 年中国移动出行市场研究报告》	移动出行、移动出行用户、移动出行市场、移动出行应用厂商、移动出行应用用户、移动专车、移动商务专车、移动专车应用、网络专车市场、黑车、私家车载客、移动专车市场、打车应用、打车应用市场、出租车打车应用市场、运营商、出租车公司、出租车司机、打车软件、第三方支付、私家司机、私家车车主、平台、劳务派遣公司、汽车租赁公司、用户教育、用户习惯、移动支付、出租车类打车应用、专车类应用、出租车乘客、专车乘客、价格敏感度、使用黏性、O2O 营销、移动拼车、拼车应用、租车应用、商务专车、出租车类打车应用、移动打车、移动专车、移动拼车、汽车共享、轻资产模式、重资产模式
4	2015 年 6 月 23 日 TalkingData《2015 年热门移动叫车应用盘点》	移动叫车应用、打车应用、专车应用、叫车应用、打车、专车、顺风车、预约专车、即时呼叫、接送机、预约用车、日租车
5	2015 年 7 月 20 日 TalkingData《2015 年出行 O2O 移动应用行业报告》	出行 O2O 移动应用行业、移动出行 O2O 用户、拼车、租车、代驾、专车、综合打车、出行 O2O 市场、出行 O2O 应用、出行 O2O 用户、出行应用、覆盖量、活跃率、使用率、出行企业、顺风车、快车、出租车、专车、拼车 O2O、租车 O2O、代驾 O2O、专车 O2O、综合打车 O2O、传统 B2C 应用、传统 B2C 应用移动端迁移、P2P 租车

表5.2(续)

序号	来源	词汇
6	2016年2月29日国家信息中心分享经济研究中心《中国分享经济发展报告2016》	共享经济、移动支付、基于位置的服务LBS、产品分享、智能出行、交通分享、打车软件、配驾专车、拼车（顺风车）、租车自驾、代驾、巴士、P2P、B2C
7	2016年3月18日罗兰贝格（Roland Berger）《2016中国专车市场分析报告》	专车市场、网络约租车市场、专车类、非专车类网络约车、专车供应量、专车、非专车、出租车、私家车、个人租赁、公司租赁车、黑车、自有车、拼车、快车、C2C网络约租车品牌、补贴战、巡游出租车、差异化经营
8	2016年3月22日艾瑞咨询集团《2016年中国移动端出行服务市场研究报告》	移动端出行、移动端出行服务行业、移动端专车（快车）市场、移动端拼车市场、移动端租车市场、移动端出行服务用户、移动出行服务市场、租车网站、租车、拼车、代驾、顺风车、出租车、出租车约车、专车（快车）、巴士、专车（快车）市场
9	2016年4月27日兴业证券《智慧交通系列报告之一——关键数据解读行业》、2016/5/11兴业证券《移动用车系列报告之二——多服务模式发展，塑智慧出行新方式》	智慧交通、移动用车、专车、拼车、租车等细分行业、O2O服务、出租车打车、专车（快车）、移动拼车、移动租车市场、B2C专车商业模式、C2C专车商业模式、出租车打车、移动打车平台、移动用车服务用户、出租车打车应用、B2C租车市场、C2C租车市场、租车应用
10	2016年10月8日TalkingData《2016共享单车人群分析报告》	共享单车、共享经济、市政单车、打车、专车、拼车、租车、代驾、巴士、单车
11	2017年1月1日艾瑞咨询集团《2016年中国高端出行行业案例报告》	高端出行、移动端出行服务行业、出行服务行业、移动出行服务行业、租车、巴士、拼车、顺风车、试驾、代驾、出租、专车（快车）、共享单车、分时租赁、专车用户

表 5. 2（续）

序号	来源	词汇
12	2017 年 2 月 6 日 国家信息中心分享经济研究中心《中国分享经济发展报告 2017》	分享经济、网约车、专车新政、租车、大巴、电动车、停车、单车分享
13	2017 年 3 月 1 日 艾瑞咨询集团《2017 年一季度中国共享单车行业研究报告》	共享单车、共享单车行业、共享单车市场、共享单车用户、网约车、最后一公里、物联网、智能感知、识别技术、通信感知技术、在线出行服务行业、线下重资产+线上服务、互联网+共享经济/轻资产重服务、PC 端、移动端、租车、拼车、代驾、出租车、专车（快车）、分时租赁、共享单车、智能手机、共享单车产业链、GPS 智能锁、智能定位系统、精细化管理
14	2017 年 3 月 1 日 TalkingData《共享出行持续繁荣，刚需 or 泡沫？——共享出行行业报告》	共享出行、服务共享、综合打车、拼车、代驾、巴士、硬件共享、租车、共享单车、共享汽车、网约车、租车、出租车、公交车、巴士、自驾、自行车、摩托车、一站式出行服务
15	2017 年 4 月 12 日 罗兰贝格（Roland Berger）《汽车分时租赁如何在中国获得成功》	汽车分时租赁、智能出行、出租车或专车的替代方案、政府对汽车分时租赁的补贴、供应商、政府、本地合作伙伴、汽车分时租赁服务供应商、分时租赁车辆
16	2017 年 5 月 16 日 艾瑞咨询集团《2016—2017 中国互联网汽车分时租赁市场研究报告》	互联网汽车分时租赁市场、互联网汽车分时租赁市场用户、共享汽车、新能源汽车、新能源汽车共享平台
17	2017 年 6 月 19 日 普华永道《共享出行正当时——中国共享汽车现状与趋势》	共享出行、顺风车、网约车、分时租赁、P2P 租车、传统经营性出租车、共享单车、共享汽车、出租车预约、网络叫车、共享私家车预约（快车/专车业务）、私家车顺利搭乘（顺风车/拼车业务）、P2P 租车、出租车、网约专车/快车、经营性租赁、分时租赁、顺风车（拼车）、P2P 租车

表 5.3　梳理后的核心词汇

类别	词汇
出行方式	共享出行
	分享、共享
	LBS
	智慧交通、智能交通
	智能出行、智慧出行
出租汽车类	出租汽车
	传统经营性出租汽车
	出租汽车运营服务
电召类	电召
	电召平台
	电话约车
	出租汽车电召服务
	电调平台
	人工电话召车
手机召车类	手机软件召车
	移动用车
	移动叫车
	移动出行
	手机打车
	手机叫车
	手机软件召车服务
	手机召车

类别	词汇
网络预约出租汽车类	预约出租汽车
	网络预约
	网约车
	网络叫车
	网络约车
	打车软件
	打车应用
	打车 App
	软件约车
	App 约车
	预约用车
	预约叫车
	网约车平台公司
	网络预约出租汽车驾驶员
	网络预约出租汽车经营服务
	网约车经营服务
	网络预约出租汽车经营者
	网络预约出租汽车运营服务
	网络预约出租汽车
巡游出租汽车类	巡游
	巡游出租汽车
	巡游出租汽车驾驶员
	巡游出租汽车经营者
	巡游出租汽车服务人员
	巡游出租汽车电召服务
	扬招打车
	招手打车
	巡游出租汽车服务站点
	巡游出租汽车车辆

表5.3(续)

类别	词汇
私家车类	私家车
	私家车载客
	私家车预约
拼车类	私人小客车合乘
	拼车
	顺风车
专车类	专车
	快车
共享单车类	互联网租赁自行车
	共享单车
	经营性租赁
	分时租赁营运非机动车
共享汽车类	小微型客车租赁
	分时租赁
	租赁车辆
	新能源汽车
	汽车租赁
	共享汽车
	汽车共享
租车类	P2P 租车
	C2C 租车
代驾类	代驾
巴士类	共享巴士

5.1.2　词汇的 Concordance 分析结果

本书通过检索功能 Concordance，具体分析梳理后的核心词汇表在整个语料中的词频及词语所处的话语环境，具体结果如下：

通过分析词频，对前文梳理出的核心词汇表进行了排序、归纳和整理，对词频较低的词汇进行了剔除，得到了以下词频表（见表5.4）。

表 5.4　核心词汇的词频

位次	词频	词条	位次	词频	词条	位次	词频	词条
1	1987	专车	14	254	快车	27	87	互联网租赁自行车
2	1 747	网约车	15	253	P2P 租车	28	78	手机叫车
3	1 508	出租汽车	16	233	巡游	29	78	巡游出租汽车
4	1 178	打车软件	17	200	汽车租赁	30	71	出租汽车电召服务
5	954	共享	18	194	分时租赁	31	69	网络约车
6	504	预约出租汽车	19	117	打车 App	32	65	移动出行
7	490	网络预约	20	111	打车应用	33	57	汽车共享
8	459	电召	21	102	租赁车辆	34	50	手机软件召车
9	459	私家车	22	99	分享	35	43	私人小客车合乘
10	438	网络预约出租汽车	23	96	小微型客车租赁	36	41	手机召车
11	345	共享单车	24	92	电召平台	37	36	共享出行
12	324	拼车	25	89	手机打车	38	36	新能源汽车
13	306	顺风车	26	89	共享汽车	39	34	电调平台

5.1.2.1　出租车移动打车类范畴的分析结果

根据整理后的核心词汇表，本书对其中词频较高具代表性的意义类属进行了进一步的分析。首先是核心词汇的 Concordance 检索结果。

"网络预约出租汽车"词频数 Concordance hits 为 438，第一次出现在语料中的位置是 2015 年 6 月 5 日发表于"新浪科技"标题为《国家专车新规月内出台车辆与平台均须运营资格》的文章中，如图 5.1 所示。"网约车"词频数 Concordance hits 为 1 747，在 2014 年 5 月 29 日发表于《兰州晨报》标题为《"滴滴""快的"即将"被收编"?》首次被提及，如图 5.2 所示。"网络约车"词频数 Concordance hits 为 69，第一次出现在语料中的位置是 2013 年 4 月 28 日发表于"中国广播网"标题为《打车应用走入政策困境："加价叫车"或被叫停》的文章中，如图 5.3 所示。

图 5.1 "网络预约出租汽车"在语料库中的 Concordance 检索结果

图 5.2 "网约车"在语料库中的 Concordance 检索结果

图 5.3 "网络约车"在语料库中的 Concordance 检索结果

5.1.2.2 专车（快车）类范畴的分析结果

"专车"的词频数 Concordance hits 为 1 987，是所有新词范畴中词频最高的一个。第一次出现在语料中是在 2014 年 4 月 3 日发表于"新浪科技"标题为《快的滴滴打车鏖战 Uber 隔岸观火》的文章中，如图 5.4 所示。"快车"词频数 Concordance hits 为 254，第一次出现在语料中是在 2015 年 5 月 20 日发表于"证券日报—资本证券网"，标题为《滴滴快的合并后再遇"强敌""零首付"强势搅局》的文章，如图 5.5 所示。

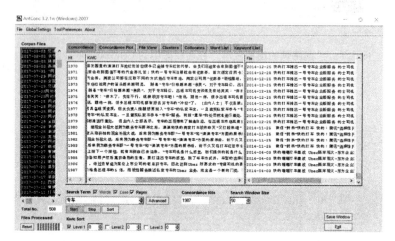

图 5.4 "专车"在语料库中的 Concordance 检索结果

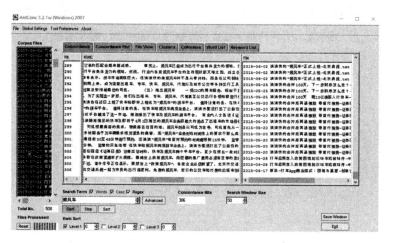

图 5.5 "快车"在语料库中的 Concordance 检索结果

5.1.2.3 顺风车（拼车）类范畴的分析结果

"顺风车"的词频数 Concordance hits 为 306，第一次出现在语料中是在 2013 年 4 月 17 日发表于"新浪科技"标题为《打车 App 商业模式：困境与展望》的文章中，如图 5.6 所示。"拼车"的词频数 Concordance hits 为 324，第一次出现在语料中在是 2013 年 4 月 12 日发表于《浙江商报》标题为《"快的打车"引争议》的文章中，如图 5.7 所示。

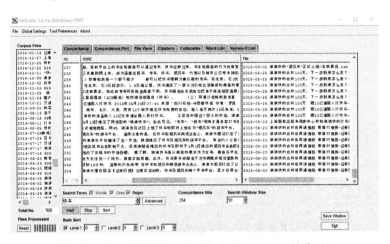

图 5.6 "顺风车"在语料库中的 Concordance 检索结果

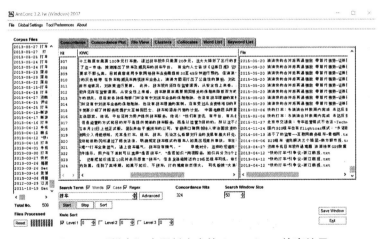

图 5.7 "拼车"在语料库中的 Concordance 检索结果

5.1.2.4 移动租车类范畴的分析结果

"P2P 租车"的词频数 Concordance hits 为 253，第一次出现在语料中是在

2011 年 10 月 19 日发表于"腾讯科技"标题为《Getaround 证明了 P2P 租车模式的可行性》的文章中，如图 5.8 所示。"汽车租赁"的词频数 Concordance hits 为 200，第一次出现在语料中也是在 2011 年 10 月 19 日发表于"腾讯科技"标题为《Getaround 证明了 P2P 租车模式的可行性》的文章中，如图 5.9 所示。

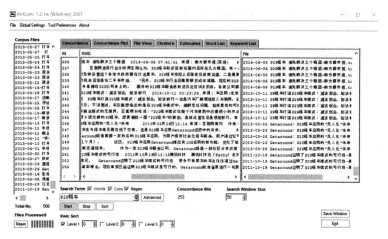

图 5.8　"P2P 租车"在语料库中的 Concordance 检索结果

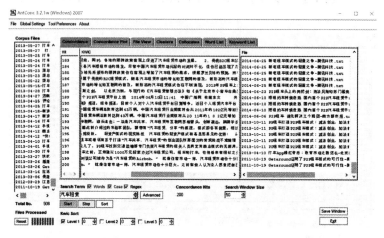

图 5.9　"汽车租赁"在语料库中的 Concordance 检索结果

5.1.2.5　分时租赁（共享汽车）类范畴的分析结果

"分时租赁"的词频数 Concordance hits 为 194，第一次出现在语料中是在 2015 年 10 月 19 日发表于"新浪科技"标题为《首汽租车完成 1.2 亿美元 A

轮融资用于车队扩张》的文章中，如图 5.10 所示。"共享汽车"的词频数 Concordance hits 为 89，第一次出现在语料中是在 2016 年 8 月 2 日发表于"新浪财经"标题为《滴滴优步宣布合并易到正面 PK 滴滴优步》的文章中，如图 5.11 所示。"小微型客车租赁"的词频数 Concordance hits 为 96，第一次出现在语料中是在 2017 年 8 月 8 日发表于"上观新闻"，标题为《"共享汽车"新规发布，哪些变化需注意?》的文章中，如图 5.12 所示。

图 5.10 "分时租赁"在语料库中的 Concordance 检索结果

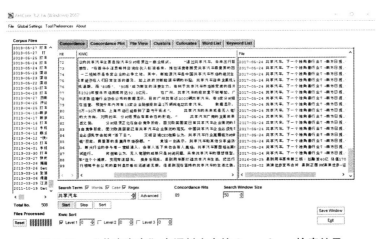

图 5.11 "共享汽车"在语料库中的 Concordance 检索结果

图 5.12　"小微型客车租赁"在语料库中的 Concordance 检索结果

5.1.2.6　共享单车类范畴的分析结果

"共享单车"词频数 Concordance hits 为 345，第一次出现在语料中是在 2015 年 10 月 14 日发表于"山西新闻网"标题为《跃然青春与 P8 青春版共享绿色校园》的文章中，如图 5.13 所示。"互联网租赁自行车"词频数 Concordance hits 为 87，第一次出现在语料中是在 2017 年 5 月 23 日交通运输部《关于鼓励和规范互联网租赁自行车发展的指导意见》，如图 5.14 所示。

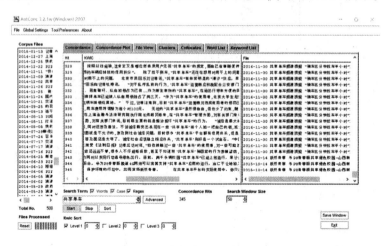

图 5.13　"共享单车"在语料库中的 Concordance 检索结果

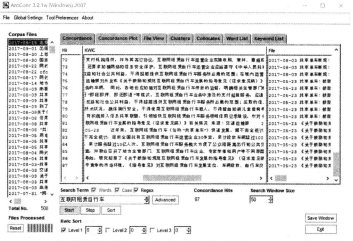

图 5.14　"互联网租赁自行车"在语料库中的 Concordance 检索结果

5.1.3　小结

首先，本节分析了 9 部中国移动出行相关的政策法规和 26 部相关行业报告，从中梳理出中国移动共享出现行业的新的概念范畴，通过自建的新闻语料的词频分析，归纳排序出在中国移动共享出现行业公共话语体系中传播较为广泛的核心词汇表。其次，本节对其中词频较高具代表性的意义类属进行了进一步的分析，归纳了"出租车移动打车类范畴""专车（快车）类范畴""顺风车（拼车）类范畴""移动租车类范畴""分时租赁（共享汽车）类范畴"以及"共享单车类范畴"六大类意义类属，并分别对这六大意义类属中词频排位最高的 14 个核心词进行了 Concordance 分析，呈现了这六大意义类属的 14 个核心词汇在中国移动共享出现行业公共话语体系中传播的频次情况，以及首次出现的出处和时间。

5.2　第二维度分析结果——阐释

5.2.1　出租车移动打车类范畴的分析结果

5.2.1.1　出租车移动打车类范畴的 Concordance plot 分析结果

出租车移动打车类范畴的核心词汇，"网络预约出租汽车""网约车"以及"网络约车"在语料库中的 Concordance plot 分析结果见附录 B。

分析结果表明,"网络约车"这个词最早出现的时间为 2013 年 4 月 28 日"中国广播网"标题为《打车应用走入政策困境:"加价叫车"或被叫停》的文章中。"网约车"出现在 2014 年 5 月 29 日发表于《兰州晨报》的《"滴滴""快的"即将"被收编"?》。"网约车"这个词汇出现后,其各个阶段的词频均远高于"网络约车"。"网络约车"这种提法在 2016 年 9 月之后鲜有出现,而"网约车"在 2016 年 9 月以后,出现的频次稳定,说明"网约车"逐步取代了"网络约车"的说法,成为一个普遍的用法。"网络预约出租汽车"出现的时间较晚,第一次出现在语料中是在 2015 年 6 月 5 日发表于"新浪科技"标题为《国家专车新规月内出台车辆与平台均须运营资格》的文章中。其是经过一段时间的话语碰撞之后,才出现的一个比较官方和完整的提法,并在 2016 年 9 月以后词频较为稳定,反映其被广泛接受。

从 Concordance plot 分析的词语分布情况来看,有四个明显的时间节点。①三个词语分别首次出现的时间;②2015 年 10 月;③2016 年 7 月;④2017 年 7 月。如表 5.4 所示,在这三个时间节点①,词语集中出现并被广泛讨论。而"网络约车"在第三个时间节点 2017 年 7 月已经消失,被"网约车"正式取代。

表 5.4　出租车移动打车类范畴时间节点与词频

时间	网约车		网络预约出租汽车		网络约车	
	词频	占总词频百分比/%	词频	占总词频百分比/%	词频	占总词频百分比/%
2015 年 10 月	111	6	291	66	39	57
2016 年 7 月	313	18	46	11	6	9
2017 年 7 月	346	20	27	6	0	0

5.2.1.2　出租车移动打车类范畴的互文分析

1969 年 Kristeva 在《符号学:符义解析研究》中提出了互文性的概念,他认为,所有的语篇均由引言拼凑而成,语篇都是对其他语篇的吸收和转化。任何文本都处在若干文本的交汇处,都是对这些文本的重读、更新、浓缩、移位和深化(王瑾,2005)。单个文本不是孤立存在,而是互文链中的某一环节。不同时空中的文本相互交织成一个集合,成为一个庞大的系统。任何一个单独

---

① 节点①略。

的语篇都是作为这个系统的一个部分而存在。意义的发生在很大程度上和与其相关联的语篇网络有关，人们对概念意义的认知也在各种文本互文互动中产生并发展（辛斌，2005）。

本书整理了"网络预约出租汽车"的主要搭配索引，如表5.5所示。

表5.5　"网络预约出租汽车搭配索引"的主要搭配索引

序号	搭配索引
1	网络预约出租汽车经营服务管理暂行办法
2	网络预约出租汽车经营服务管理实施细则
3	网络预约出租汽车管理
4	网络预约出租汽车运输证
5	网络预约出租汽车经营许可证
6	网络预约出租汽车驾驶员证
7	网络预约出租汽车经营者、车辆和驾驶员
8	网络预约出租汽车经营申请表
9	网络预约出租汽车平台
10	规范网络预约出租汽车经营服务行为
11	对网络预约出租汽车实施监督管理
12	开展网络预约出租汽车服务质量测评
13	明确规定了网络预约出租汽车的性质
14	鼓励发展网络预约出租汽车
15	有序发展网络预约出租汽车
16	要统筹发展巡游出租汽车和网络预约出租汽车
17	出租汽车服务方式主要包括巡游出租汽车、网络预约出租汽车等
18	网络预约出租汽车不得巡游揽客，只能通过网络预约方式提供运营服务
19	对网络预约出租汽车运价实行市场调节价，必要时实行政府指导价
20	南京鼓励巡游车企业转型提供网络预约出租汽车服务
21	网络预约出租汽车（网约车）终于获得合法的身份
22	预约出租汽车包括网络预约出租汽车和电话预约出租汽车等形式
23	当前新业态网络预约出租汽车是没有有偿使用费的
24	像滴滴这样的新型业态就被归入到网络预约出租汽车经营服务中

从表 5.5 中的搭配索引可以看出，"网络预约出租汽车"多于"经营者""经营许可""驾驶员证""经营服务行为"等较为正式的词语搭配。词汇互文多为同形互文，在结构互文方面，大多保留了源语中的句式排列，信息增量较小。在引用方面，新闻语篇在对该词语的转述中，多采用直接引语，将源语中的原话一字不差地引用过来，这种方式最大化地保留了源语中的原意，客观地反映了源语中的意图。总之，"网络预约出租汽车"出现较晚，是一个权威发布的词汇，基本都是出现在官方文件或其他媒体对官方文件的引用和转述中。

由于"网约车"的词条索引条目过多，主题庞杂，因而本书主要选取几个重要时间节点（①词语分别首次出现的时间；②2015 年 10 月；③2016 年 7 月；④2017 年 7 月）的部分代表性索引条目，如表 5.6 所示。

表 5.6　"网约车"的主要搭配索引

序号	搭配索引
1	无论是打车软件，还是电话、互联网约车要全面发展，构成一个立体的电召模式
2	对于即将出台的网约车法规，我们十分关注
3	即使一些互联网约车公司通过责任险的方式为车上人员提供保险
4	互联网约车公司相关人士透露
5	互联网约车面临选择难题
6	实际给予了网约车合法地位
7	此前颇受关注"网约车条件和标准"最受关注
8	网约车仍是出租车互联网只是手段
9	乘客到达目的地是通过坐上网约车实现的，而不是被网络"发送"过去的
10	同时对网约车与巡游出租汽车在经营范围等方面进行差异化管理
11	"共享经济"不能成"网约车"逃避监管的理由
12	真正的网约车，是不是侵害到原来的出租车利益呢？
13	网约车三个行政许可有上位法依据
14	互联网约租车（简称"网约车"）已风靡全球
15	消费者还十分关心网约车的价格会不会因新规的出台而上涨
16	"网约车"在全球范围内首次被国家层面立法支持
17	使用年限达到 8 年时，退出网约车经营
18	还明确私家车符合条件可转化为网约车运营

表5.6(续)

序号	搭配索引
19	更符合兼职为主的网约车的"分享经济"新业态
20	这是中国网约车发展史上的里程碑事件
21	从网约车平台公司、网约车车辆和驾驶员等做出了明确的规定
22	目前中国已经成为全世界最大的网约车市场
23	就拿先前一直反对网约车的北京来说
24	网约车在壮大的同时却戴着不合法的帽子
25	中国出台的这部网约车法规,可以全世界做了一个很好的示范
26	网约车的管理已经成为世界难题
27	这也许是一个契机,网约车,移动支付,外卖等,新能源汽车,AR/VR等领域
28	滴滴、神州优车、优步、易到用车、嘀嗒等网约车平台在第一时间积极回应
29	网约车应安装具有行驶记录功能的车辆卫星定位装置
30	网约车车况要求还是有的,需要符合"运营安全相关标准"
31	新政确认了网约车的新型经营模式
32	新型网约车的出现会对传统的出租汽车造成冲击
33	《指导意见》鼓励巡游车企业转型提供网约车服务
34	"网约车"正式获得身份认定——不仅合法,还有了定性"预约出租客运"。
35	总体上来说,网约车价格不会有太大浮动
36	网约车发展已经比较充分
37	为网约车量身定制了监管模式
38	网约车市场竞争"烧钱"模式,就此将告一段落呢?
39	提高盈利率将是各家网约车平台的主要任务
40	用网约车平台前几年高额补贴给乘客造成的优惠假象博取舆论同情
41	塑造品牌是网约车企业战略重点
42	一些老年人不但没有因为网约车的出现而更为轻松,反而更为艰难
43	加入网约车最后的必然结果是出租车消失
44	网约车一统天下,网约车平台的各种补贴还会有吗
45	尽管网约车平台用起来方便,可一旦与司机发生纠纷如何维权是个头疼的问题
46	私家车自行注册网约车平台非法揽客的问题

表5.6(续)

序号	搭配索引
47	网约车赚了闲置资产共享后效率提升的钱
48	网约车是预约出租,与巡游车相比有定制化、人性化的特点
49	高成本将直接"拖累"网约车平台的扩张速度
50	北上广深普遍出现网约车打车难度上升
51	中国成为全球首个在全国范围内承认网约车合法地位的国家
52	公布了网约车管理实施细则
53	并把矛头指向网约车新政,呼吁各地放宽网约车门槛,降低网约车标准
54	坚决抵制故意歪曲、攻击网约车新政的不实言论
55	目前在网约车改革的过程中是取得了一定成效
56	全国发放网约车驾驶员证 10 万本
57	神州专车等 19 个网约车平台公司已在相关城市取得经营许可
58	网约车新政落地满一年背后打车变难司机乘客都叫苦
59	他认为网约车的改革和出租车的改革应该是同步推进的
60	责任部门将要求网约车平台公司落实主体责任
61	针对网约车监管的法律依据存在空白
62	网约车行业的许可与管理,跨交通、公安、通信、工商、工信、质检等多个部门
63	网约车在各国的生存境遇怎么样?
64	绝大多数网约车公司活跃在大城市及周边
65	至今都是对网约车发出明确禁令
66	杭州运管局在全市抽查了 50 辆网约车
67	司机均没有获得网约车驾驶员证
68	未取得网约车运输证和驾驶员证的司机就应停止运营
69	网约车平台和地方政府的博弈加剧
70	政府应该在网约车和巡游出租车之间充当平衡器或者稳定器的作用
71	网约车市场层次丰富
72	滴滴优享拿下网约车中端市场
73	国内网约车市场的发展已步入服务为王,精准细分的阶段
74	建议加强网约车信息安全监管
75	直指滴滴利用市场垄断地位操纵网约车价格并建议加强网约车市场监管
76	提到了网约车的加价和监管问题

表5.6(续)

序号	搭配索引
77	在网约车新政颁布一年后
78	网约车市场依然存在一些严重违反国家相关法规以及危及网络信息安全的现象
79	应吊销其网约车平台经营许可证
80	共同规范网约车行业的秩序
81	工作组赴上海调研网约车加价问题
82	全国人大樊芸代表反映网约车乱象的及时反馈
83	对网约车服务设置了不固定时段及地点的加价功能
84	网约车平台事先向司机告知乘客目的地的做法也违背了……的良好传统
85	网约车平台掌握的大量用户信息及城市交通数据
86	部分网约车平台无视国家及地方法规
87	网约车我有过体验
88	网约车真是天下掉下来的一个创新方法
89	难以与蚂蚁雄兵一般的C2C网约车及顺风车相比较
90	直截了当地将网约车定价推向了市场
91	在姜鹏看来，网约车始终是一个小众群体
92	让人们对网约车的未来产生疑虑
93	巡游车和网约车两种业态都不行了
94	是大家全社会都认为网约车，是一个非常好的一个东西以后
95	我家的车可以开网约车吗？有什么条件？
96	一些人想开网约车
97	私家车主自由加入网约车
98	一些澳大利亚的家长开始用网约车来接送孩子去上课外班

从表5.6中的搭配索引可以看出，"网约车"的搭配范围广泛，从正式语体的"鼓励巡游车企业转型提供网约车服务""加强网约车市场监管"等较为正式的表达外，也广泛使用在如"一些人想开网约车""我家的车可以开网约车吗？"之类的口语和评述类搭配中，这一点与"网络预约出租汽车"有明显差异。

在话语传播中，互文现象显著。词汇互文除了同形互文外，也有大量的异形互文，如使用"互联网约车""新型网约车""网络约车"等表达。在结构互文方面，并没有完全保留源语中的句式排列，信息增量较大。在引用方面，新闻语篇在对该词语的转述中，大量使用间接引语，间接话语没有明确区分报道者与被报道者的"声音"，引用者可以将自己的话语混进被报道者的话语，产生新的意义。"网约车"从最初的"互联网约车""网络约车"等表达逐渐进行意义碰撞和互动，最终确立下来，成为一个被普遍接受的意义范畴，展示了意义是产生、互动以及隐藏在媒介话语的媒介符号之中。

5.2.2 专车（快车）类范畴的分析结果

5.2.2.1 专车（快车）类范畴的 Concordance plot 分析结果

专车（快车）类范畴的核心词汇"专车"以及"快车"在语料库中的 Concordance plot 分析结果见附录 B。

"专车"的词频数 Concordance hits 为 1987，第一次出现在语料中是在 2014 年 4 月 3 日发表于"新浪科技"标题为《快的滴滴打车鏖战 Uber 隔岸观火》的文章中。专车这个概念出现之后，在不同时间段均匀出现，在 2017 年 8 月的语料中依然多次被提及。其作为一个口语化的词汇广泛被提及，多出现在评述性的新闻等非官方语体。此外，"专车"这个概念，经常被用作软件名，如"神州专车""曹操专车""优步专车""滴滴专车"等。

"快车"的词频数 Concordance hits 为 254，第一次出现在语料中是在 2015 年 5 月 20 日发表于"证券日报—资本证券网"标题为《滴滴快的合并后再遇"强敌""零首付"强势搅局》的文章中。在 2017 年 9 月的语料中也是不断在被提及。与专车不同的是，"快车"出现的时间较晚，词频较低，出现的新闻篇数也较少。

5.2.2.2 专车（快车）类范畴的互文分析

本书整理了"专车"的主要搭配索引，如表 5.7 所示。

表 5.7 "专车"的主要搭配索引

序号	搭配索引
1	但业内人士却表示，专车的出现带来了鲶鱼效应
2	相关负责人提醒想加入"专车"的私家车主
3	专车司机是什么感觉，我们提供的就是什么样的服务
4	要打造出专车的感觉

表5.7(续)

序号	搭配索引
5	麻木了,实在不行,就辞职开专车吧
6	"专车"价格越来越"亲民"
7	朋友圈里的滴滴打车抢红包活动很多已经被专车红包代替
8	甚至出现打专车比打出租车还便宜的现象
9	那还不如叫专车来的感觉好
10	职能部门虽然一直认定专车涉嫌黑车
11	专车公司"抢"完扬招客"抢"企业客
12	专车属于汽车租赁公司,不在马路上巡游
13	专车和"黑车"概念明显不同
14	为什么私家车乐于做"专车"?
15	一号专车也被开具一张非法运营的万元罚单
16	交通运输部曾发声:鼓励创新但禁止私家车接入平台参与"专车"经营
17	积极鼓励约租车发展,为专车市场发展打了一针定心剂
18	许多人担心专车、网约车会被取缔
19	打车软件和专车服务的出现,着实让出行方便了不少
20	但实际上专车市场中并没有剔除私家车
21	专车类移动打车应用已经获得一定的用户群体
22	徐师傅虽然也加盟了滴滴专车,但并不是全职
23	专车的运营模式是不合法的,我们肯定的只是电商服务的平台和模式
24	因此从事"专车"服务的经营者应当依法取得道路运输经营许可证
25	未来快的打车和滴滴打车或将运营重心向专车服务倾斜
26	互联网专车服务对于传统出租车服务是一个有效补充
27	专车司机便会在预定时间接送用户到达目的地
28	专车服务是私家车,一旦发生事故,保险公司将拒绝理赔
29	专车服务司机没"份子钱"压力,长期与传统出租车司机抢"饭碗"
30	专车服务在一定程度上缓解了"打车难"
31	创造公平的竞争机会,引导、规范专车服务,让其依法取得执照

表5.7(续)

序号	搭配索引
32	应将专车服务纳入法制轨道
33	"专车服务"使人们的出行迎来了"私人订制"时代
34	不关心到底是用专车还是出租车
35	专车模式像当年的淘宝和支付宝,没法律法规,是颠覆性的
36	也可能产生新垄断,专车也收份子钱
37	专车行业的收入真有那么高?
38	在全世界应该只有中国爆发出激烈的专车与出租车矛盾
39	专车能这样做的原因之一,是其成本结构跟出租车成本结构不一样
40	你难道希望看着,七八十岁的老太太在路上也拿着智能手机叫车,专车就过来了,可能吗?
41	而商务专车司机的脸通常是平和与略带友善的
42	专车平台应为乘客提供完善的保险体系
43	如约专车手中的车辆、人员以及政府背景,都是专车公司所需要的
44	近年来已有不少的哥转做专车司机
45	陈超抢到一单从八一银座到济南西站的专车约车单
46	济南滴滴专车司机状告客管办或成全国"专车第一案"
47	专车的巨额补贴再一次搅动出租车市场
48	向专车市场狂砸10亿元礼包,请全国人民坐专车
49	然而专车服务中,除了平台外,还有乘客、租赁车公司、劳务公司(代驾司机)等四方关系
50	那么各大专车平台在与租赁企业签约时
51	高端专车与普惠网约车中存在中端网约车市场
52	滴滴专车尝试了"宝贝专车""残障专车"细分服务
53	从2016年开始陆续退出行业或转为"专车"经营
54	截至目前,神州专车、首汽约车、曹操专车、滴滴出行等19家网约车平台公司已在相关城市获得了经营许可
55	在2016年7月28日专车终于有了一个合法的地位
56	付强先后担任滴滴代驾事业部、租车事业部及专车事业部负责人

表5.7(续)

序号	搭配索引
57	为超过4亿用户提供出租车召车、专车、快车、顺风车、代驾、公交、小巴、在线租车、豪华车和企业级等全面出行服务
58	出租车杨师傅说,跟出租车公司的合约满了之后,自己要买一辆车去做专车司机
59	一个朋友跳槽做了专车
60	司机需要通过曹操专车首创的"驾驶员岗位素质测评模型"考核
61	记者尝试叫了七次神州专车,每次等待时间都在120秒左右
62	专车司机的职业以前也不存在,这确实是一个非常新的概念
63	神州专车获上海首张网约车牌照
64	乐视董事长贾跃亭称将和易到一起打造生态专车,并且未来的生态专车将免费
65	专车全国动态调价封顶将不超过59元,溢价不超过0.5倍
66	至于季国军所关心的SUV能不能接专车订单
67	如果SUV接不了专车的单,那我就要好好考虑一下了
68	但是随着资本市场对于互联网专车的狂热
69	滴滴出行宣布调整快车和专车的计价方式
70	随着新政的出台,收费虽高但服务质量更佳的专车业务发展前景被看好
71	小巴还是能给乘客带来便利,比专车、快车更符合绿色共享的理念
72	2016年中国专车市场研究报告
73	将租车公司闲置车资源盘活,为中高端人士提供专车服务
74	相对于专车行业高频次和高效的特点,汽车租赁受车源限制
75	马瑾告诉腾讯财经,租车和专车运营模式不同

从表5.7中的搭配索引可以看出,"专车"的搭配范围广泛,除了部分政策法规中的语体较为正式,其他大部分出现在如"每天送孩子上学后到上班之前,我能接一到两个专车订单""不关心到底是用专车还是用出租车""在全世界应该只有中国爆发出激烈的专车与出租车矛盾"之类的口语和评述类搭配中。

在话语传播中,互文现象显著。词汇互文除了同形互文外,也有大量的异形互文，如使用"快车""约车"等表达。在结构互文方面，并没有完全保留了源语中的句式排列，信息增量较大。在引用方面，新闻语篇在对该词语的转述中，大量使用间接引语，间接话语没有明确区分报道者与被报道者的"声音"，引用者可以将自己的话语混进被报道者的话语，产生新的意义。"专车"多与"罢工""停运""甩客""安全""合法""问题""资格""身份""禁止""担心""争议""整治""监管""处罚"等负面或不确定性的词汇共同出现，体现了"专车"作为一个新生范畴，在产生初期经历了激烈的合法性危机。

5.2.3 顺风车（拼车）类范畴的分析结果

5.2.3.1 顺风车（拼车）类范畴的 Concordance plot 分析结果

顺风车（拼车）类范畴的核心词汇"顺风车"以及"拼车"在语料库中的 Concordance plot 分析结果见附录 B。

"顺风车"的词频数 Concordance hits 为 306，第一次出现在语料中是在 2013 年 4 月 17 日发表于"新浪科技"标题为《打车 App 商业模式：困境与展望》的文章中。"拼车"的词频数 Concordance hits 为 324，第一次出现在语料中是在 2013 年 4 月 12 日发表于《浙江商报》标题为《"快的打车"引争议》的文章中。两个概念出现的时间相近，词频数也相当。

"顺风车"和"拼车"在 2013 年首次出现后，很长一段时间都未被讨论，直到 2015 年 10 月网约车新规颁布以后，才开始不断被讨论。

5.2.3.2 顺风车（拼车）类范畴的互文分析

本书整理了"顺风车"搭配索引，如表 5.8 所示。

表 5.8 "顺风车"搭配索引

序号	搭配索引
1	尤其是针对"顺风车"的管理难度更大
2	我们在地铁站等车辆集中的地方进行检查，有的司机就说自己是顺风车
3	顺风车每天只能跑两趟，超过两趟就属于营运车辆
4	为超过 4 亿用户提供出租车召车、专车、快车、顺风车、代驾、公交、小巴、在线租车、豪华车和企业级等全面出行服务
5	比如东南亚用户非常喜欢顺风车

表5.8(续)

序号	搭配索引
6	除快车、拼车、出租车、顺风车等性价比高的快捷出行服务之外
7	搭顺风车遭车祸谁赔偿?
8	私人小客车合乘,也称为拼车、顺风车
9	在乘坐网约车、顺风车出行时,万一出了交通事故
10	顺风车服务提供平台该不该赔?
11	滴滴顺风车是合乘信息服务平台,并非承运人
12	顺风车属于平等民事自然人之间的私人小客车搭乘,属于偶尔性的不以盈利为目的的绿色出行方式
13	呼吁乘客提前规划出行方案,使用预约、拼车和顺风车等方式出行
14	顺风车等业务并不受新政影响
15	他建议乘客在出行时尽量选择预约功能,或者搭亲友的顺风车
16	滴滴顺风车涨价两成,回应称鼓励共享出行
17	8月31日他收到了滴滴发来的短信,称顺风车收益提高
18	还得绕路,得不偿失,已经好几个月没打开过顺风车的司机端页面了
19	给了市场、平台及司机更大的自主权,并肯定了顺风车、拼车等新的出行方式
20	新政明确了"顺风车"不属于规制范畴
21	顺风车是解决城市拥堵,减少城市上路车辆的一大法宝
22	顺风车本质上区别于网约车的商业营利性
23	为了鼓励"分享经济",新政策还允许私人小客车合乘,即"顺风车"
24	对于普通用户来说顺风车、快车两者模式并无多大差别
25	出行是近两年最火热的创业领域之一,专车、快车、顺风车等诸多共享经济模式都被推到了风口浪尖
26	支持互联网拼车回家,滴滴顺风车春运受鼓励
27	顺风车也可以是春节的出行选择
28	对于乘客而言,顺风车比起很多其他方式,显然出行的质量和舒适度会更高
29	滴滴顺风车是滴滴快的公司旗下的互助C2C拼车平台
30	记者发现不少现在居住在成都的人们已经开始发出春运顺风车订单了

表5.8(续)

序号	搭配索引
31	针对专车、快车、顺风车、代驾等业务均制定了具体的准入门槛
32	滴滴出行宣布快车、顺风车、代驾、巴士、试驾等全平台业务在过去一年里共贡献14.3亿订单总量
33	2016年我们希望叫一个座位,出租车、快车、顺风车、专车都可以拼
34	刚刚宣布正式运营的顺风车和拼车业务将把乘客的乘车成本降得更低
35	5月快车、企业用车,6月顺风车,7月代驾,8月大巴,10月试驾
36	滴滴等打车平台给出租车行业带来的冲击主要来自快车、专车、拼车、顺风车业务
37	跨城业务未来将成为滴滴顺风车一个重要模块
38	滴滴顺风车的乘客仅能提前一天预约
39	滴滴顺风车推春运跨城拼车,可提前7天预约
40	目前滴滴对参与到顺风车业务中的每位车主上传的身份证、行驶证等信息进行人工审核
41	显示出工作居住地和安家地分属不同城市的"候鸟人群"及旅行人群确是跨城顺风车的目标人群
42	这表明跨城顺风车也被居住在卫星城市、工作在核心城市的另一类"候鸟人群"用于一日内的长途往返
43	167条意见认为,要发展顺风车
44	顺风车不仅有利于缓解城市交通拥堵、促进节能减排,还能分摊成本,方便出行
45	据了解,该保险覆盖滴滴出行平台专车、快车、顺风车、巴士、试驾和企业级业务的司机和乘客
46	伴随着专车、快车、顺风车等移动出行方式迅速兴起,因此而产生的安全问题也开始凸显并受到社会广泛关注
47	数百万人每天勤劳地兼职开专车、顺风车等,既服务社会,方便了他人,又增加了收入
48	征求意见稿对顺风车和拼车,是留有缺口的
49	下班前预约一辆快车或顺风车回家已经成为她和身边朋友的常态。这些以互联网为基础的打车服务平台正逐渐改变中国人的出行习惯
50	更通过拼车、顺风车等模式,调动了大量闲置和未充分使用的小汽车资源,节约了稀缺的道路资源,创造了经济和社会价值

表5.8(续)

序号	搭配索引
51	约租车和顺风车,两者的关键区别就在于营运和非营运
52	不得以私人小客车合乘或拼车、顺风车等名义提供运营服务
53	顺风车车主能输入始发地、目的地寻找顺路乘客
54	专车是三星酒店、快车是经济酒店、顺风车是家庭旅馆、ACE 是五星酒店
55	出租车司机在休息时可能是顺风车的乘客
56	一张顺风车优惠券最高价值 7 元
57	顺风车有意外险驾乘出险未认证无法获赔
58	滴滴日前推出的顺风车服务受到市民的青睐,但是其安全性也同样引起关注
59	记者尝试下单顺风车注意到
60	而且打了这么久顺风车,真不知道必须实名认证之后才能获得保险
61	用来接客的顺风车大部分都是私家车
62	发现软件界面里的"顺风车"业务竟然可以使用了
63	但仔细看过"顺风车"的计费标准后,却让孙先生非常惊喜
64	"顺风车"仍涉嫌非法营运
65	滴滴顺风车团队大部分来自 BAT,是精英人才的聚集地
66	黄洁莉将滴滴顺风车的运营逻辑概括为"大规模连接出行人群,高精准匹配出行人群"
67	滴滴顺风车价格制定是经过科学测算的
68	6 月初,我们推出了社交共享出行产品"顺风车"
69	顺风车会是中国共享经济第一个突破的领域
70	全国有 100 万车主注册成顺风车司机
71	顺风车产品将会根据双方的路线自行匹配车主和乘客
72	而滴滴顺风车正是为了解决城市居民交通高峰期出行"痛点",提倡绿色出行方式的公益性平台
73	顺风车不但为大家提供了一种绿色出行的方式,而且能让人们产生一种分享式的愉快体验
74	所谓的顺风车即拼车

表5.8(续)

序号	搭配索引
75	滴滴顺风车并不是一场明智的赌局
76	但滴滴"顺风车"有望将预约的时间缩短到 15 分钟
77	在快车和顺风车两项拼车业务上,滴滴方面还打出了公益性的旗帜

"顺风车"的搭配范围广泛,广泛使用在如"顺风车每天只能跑两趟""已经好几个月没打开过顺风车的司机端页面了"等大量的口语和评述类搭配中,少量出现在正式法规和对法规的转述中。

在话语传播中,互文现象显著。词汇互文除了同形互文外,也有大量的异形互文,如使用"拼车""便车"等表达。在结构互文方面,大量的新闻转述并没有完全保留源语中的句式排列,信息增量较大。在引用方面,新闻语篇在对该词语的转述中,大量使用间接引语,间接话语没有明确区分报道者与被报道者的"声音",引用者可以将自己的话语混进被报道者的话语,产生了新的意义。在关于"顺风车"利于春运的新闻报道中,不同声音试图通过增加信息量,添加新的声音,来强调"顺风车"对缓解春运压力所发挥的巨大作用。

从表5.8中的搭配索引可以看出,"顺风车"多与"公益""绿色""愉快""共享""节约""方便""勤劳"等积极正面的词共同出现,少量负面搭配涉及"安全""保险""非法",主要基于出行安全考虑。总体而言,"顺风车"的公众接受度较好,政府部门的态度也一直是明确支持的。普遍认为,"顺风车"能够缓解城市交通拥堵,促进节能减排,分摊成本,方便出行。

5.2.4 移动租车类范畴的分析结果

5.2.4.1 移动租车类范畴的 Concordance plot 分析结果

移动租车类范畴的核心词汇"P2P 租车"及"汽车租赁"在语料库中的 Concordance plot 分析结果见附录 B。

"P2P 租车"是"汽车租赁"的一种形式,只有在一定的语境里才表示移动租车这一新行业,所以这里"汽车租赁"仅作为参考项来对照。

"P2P 租车"的词频数 Concordance hits 为 253,第一次出现在语料中是在 2011 年 10 月 19 日发表于"腾讯科技"标题为《Getaround 证明了 P2P 租车模式的可行性》的文章中。可见,P2P 租车的出现远早于真正意义上的移动共享出行蓬勃发展期。P2P 租车是一个很早就出现的共享概念。自 P2P 租车这一概念出现后，在其后的各个时期均被讨论，但争议性的讨论较少，它存在于一个广为认同的稳定意义范畴。

5.2.4.2　移动租车类范畴的互文分析

因为"汽车租赁"是一个原本存在的词汇概念，只有在一定的语境中才是特指移动租车，所以以下仅分析"P2P 租车"的互文情况，如表 5.9 所示。

表 5.9　"P2P 租车"的搭配索引

序号	搭配索引
1	P2P 租车平台宝驾租车就发生过此类案件
2	烧钱也做不起来的 P2P 租车
3	发生在共享租车（P2P 租车）领域的故事便是如此
4	2016 年 P2P 租车出行方式消费金额仅 6.5 亿元
5	场景+汽车金融的 P2P 租车向汽车产业进军
6	P2P 租车和它更上层的共享租车，全都是狂飙突进的"互联网+"侵入传统行业的产物
7	P2P 租车行业一直出现各类转型
8	P2P 租车能否挺过寒冬
9	这个前身为 P2P 租车平台的企业虽然力图通过转型扭转困境
10	P2P 租车市场已经暴露出了诸多难题
11	P2P 租车行业的增长显然低于市场预期
12	PP 租车、宝驾租车、友友租车等众多 P2P 租车平台如雨后春笋般进入公众视野
13	P2P 租车平台更强调"轻资产""共享"，说白了就是鼓励私家车主通过他们的平台将闲置车源进行线上出租
14	这样一来导致的是 P2P 租车平台需要在保险上担负大笔的资金，却难有回报
15	比"重资产"的神州租车来说，"轻资产"的 P2P 租车平台却叫苦不迭
16	近两年共享出行市场越来越细化，P2P 租车的市场需求被严重稀释
17	市场上仅剩的几个 P2P 租车平台经营现状也都不理想
18	在大部分 P2P 租车平台开始寻求转型的当下

序号	搭配索引
19	国内 P2P 租车市场开始升温？
20	今起在上海、广州两地上线，P2P 租车领域越来越热
21	再加上 P2P 租车的车主方供给参差不齐，导致去年 P2P 租车平台纷纷转型
22	并且会将 P2P 租车业务作为主线，P2P 租车业务本身就是公司的盈利模式
23	但由于供给端参差以及 P2P 租车受众接受度基数不大的原因
24	通过 P2P 租车平台，个人车主将闲置车辆租给他人使用，并收取一定的租金
25	根据张丙军的介绍，P2P 租车平台还具有较强的社交属性
26	轻资产模式的 P2P 租车，并不拥有实体车辆，其整合和利用的是闲置的私家车资源
27	调用私家车资源的 P2P 租车模式的车源供应量也更具弹性
28	P2P 租车的出现给租车市场的供给端带来了质的变化
29	安全隐患一直是 P2P 租车模式屡遭诟病之处
30	P2P 租车模式的风控问题更像是原罪
31	P2P 租车市场的寒冬也已悄然降临
32	P2P 租车行业目前正在整体收缩
33	国内 P2P 租车平台传出裁员消息也并非首次
34	在国内，P2P 租车曾经经历过最"壕"的时代
35	按需经济时代来临，P2P 租车模式获凯文·凯利认可
36	中国对共享经济的高接受度更进一步推动了 P2P 租车行业的发展
37	P2P 租车行业也面临保障车辆安全的担忧
38	打造国内 P2P 租车行业首个 360 度保障机制
39	由于 P2P 租车平台良莠不齐，车主和租客最担心的还是安全问题
40	PP 租车建立了行内首套 P2P 租车用户评估体系
41	不少小型 P2P 租车公司一味强调事前征信环节
42	征信和风控是 P2P 租车行业必须解决的两大基础性问题
43	这已经不是 P2P 租车行业第一次出现死亡案例

序号	搭配索引
44	P2P 租车模式真的靠谱吗？
45	P2P 租车是被资本相当看好的领域
46	P2P 租车正在蓬勃发展中，各家企业都活得非常坚挺
47	P2P 租车的运营成本很高
48	王嘉明指出，P2P 租车不像打车、专车那样看重资本
49	一些精明的车主将名下闲置车辆挂在 P2P 租车平台上对外进行短期租赁
50	海淀警方破获团伙诈骗汽车的新闻把 P2P 租车被推上舆论的风口
51	宝驾租车推出全新 P2P 租车保险体系
52	张洋接触 P2P 租车软件并不偶然，她曾在国外使用过租车软件，她说："每次用完就还车，很省事。"
53	今年春节租车，人们更倾向于选择时下正流行的 P2P 租车方式
54	她所选择的 P2P 租车价格比她了解的传统租车公司便宜很多
55	P2P 租车的整体费用比传统租车要少 30% 左右
56	那 P2P 租车对私家车来说到底安不安全呢？
57	独一无二的车型选择与极致体验，记者为此试用了 P2P 租车行业的几款租车 App
58	这也许是 P2P 租车行业的最大魅力，也难怪投资界会对这个新兴行业如此垂青
59	在他看来 P2P 租车只是一个初期的概念，未来共享租车领域将逐渐延展到汽车后市场、旅游乃至社区领域
60	对于友友租车巴人的定义一直是 P2P 租车产品，而马晨译则更愿意叫社区共享租车产品
61	当然，P2P 租车普遍需要的证件审核，这也是一个步骤
62	对 P2P 租车所引领的汽车共享模式也给了大力支持
63	P2P 租车模式或许可以满足人们的这一梦想
64	伴随 P2P 租车模式蓬勃发展的，是外界对其不曾中断的"非法运营"指责
65	为了论证 P2P 租车模式的合法性
66	国内从事 P2P 租车模式的企业，应当积极同交通管理部门进行沟通

表5.9(续)

序号	搭配索引
67	在 P2P 租车模式下，私家车的所有权归属于私家车主
68	P2P 租车这种"车人分离"的模式在风险控制上面临着更多的问题
69	一大批 P2P 租车模式的企业纷纷拿到了投资
70	先看一下 P2P 租车市场的火爆，以及投资者们的趋之若鹜
71	P2P 租车实际上还游走在政策边缘
72	PP 租车打造 P2P 租车模式：减法创业
73	P2P 租车模式在整个汽车使用中占据很小的市场份额
74	Getaround 证明了 P2P 租车模式的可行性

"P2P 租车"的搭配范围比较固定，多与"模式""产品""保险体系""行业""平台""受众"等大量的偏正式的商业语体类搭配，基本没有出现在任何正式法规和对法规的转述中，说明"P2P 租车"是移动出行类企业较多使用的表达，在普通移动出行用户中的接受度较低。

在话语传播中，互文现象不显著。词汇互文多为同形互文，基本保留源语中的表达。在结构互文方面，转述基本保留了源语中的句式排列，信息增量很小。在引用方面，新闻语篇在对该词语的转述中，运用了直接引语和间接引语，但语义基本稳定。

从表 5.9 中的搭配索引可以看出，"P2P 租车"多与"烧钱""案件""寒冬""故事""风险""诈骗""死亡""原罪"等负面的词共同出现，少量正面搭配也是使用了有轻微贬义色彩的"趋之若鹜""雨后春笋"等表达。总体而言，体现了场域行动者对"P2P 租车"的质疑，有较为严重的合法性顾虑和对行业前景的不信任。

5.2.5 分时租赁（共享汽车）类范畴的分析结果

5.2.5.1 分时租赁（共享汽车）类范畴的 Concordance plot 分析结果

分时租赁（共享汽车）类范畴的核心词汇"分时租赁""共享汽车"以及"小微型客车租赁"在语料库中的 Concordance plot 分析结果见附录 B。

"分时租赁"的词频数 Concordance hits 为 194，第一次出现在语料中是在 2015 年 10 月 19 日发表于"新浪科技"标题为《首汽租车完成 1.2 亿美元 A 轮融资用于车队扩张》的文章中。"共享汽车"的词频数 Concordance hits 为 89,第一次出现在语料中是在 2016 年 8 月 2 日发表于"新浪财经"标题为《滴滴优步宣布合并易到正面 PK 滴滴优步》的文章中。"小微型客车租赁"的词频数 Concordance hits 为 96,第一次出现在语料中的位置是 2017 年 8 月 8 日发表于"上观新闻"标题为《"共享汽车"新规发布,哪些变化需注意?》的文章中。

总体而言,这一类范畴出现的时间较晚,是在"网约车"等范畴已经被广泛接受以后出现的。"分时租赁"不仅指汽车的分时租赁,还包括其他交通工具的分时租赁,只是在一定的语境下,被用来特指汽车的分时租赁,即"共享汽车"。"分时租赁"和"小微型客车租赁"均为相对正式和官方的表达,意义稳定,是广为接受的意义范畴,合法性的争论基本没有。其中"小微型客车租赁"更是仅出现在官方文件和对官方文件的转述中。"共享汽车"除了出现在正式语体中,在口语化的语体中也被广泛使用,但总体而言,关于共享汽车意义范畴的争论较少。该范畴从产生初期,就被广泛接受,和"网约车"的情形有较大不同。

5.2.5.2 分时租赁(共享汽车)类范畴的互文分析

根据前文的分析,"分时租赁""小微型客车租赁"和"网络预约出租汽车"一样,是一个较为官方的词汇,认知方面的变化较小,因此本书在这个类别仅分析"共享汽车"的互文情况,如表 5.10 所示。

表 5.10　"共享汽车"的搭配索引

序号	搭配索引
1	新政会让共享汽车迎来爆发吗?
2	与共享单车、网约车等新事物先发展后监管有所不同,针对共享汽车这一监管政策早早就出炉了
3	共享汽车是典型的重资本投入
4	但在今天,移动互联网带来的是共享汽车这一新物种,传统的汽车租赁行业将被迫进行改变
5	共享汽车发展最大的痛点,恐怕不在个人身份验证、收取押金困难上,目前来看,还在诸如取还车难、停车难且贵等问题上
6	共享汽车还需解决违章记分停运问题
7	随着政策对风险的"筑底",共享汽车这一行业有望进入发展的快车道

表5.10(续)

序号	搭配索引
8	有利于共享汽车行业规范发展
9	共享汽车行业将迎来密集布局期
10	共享汽车或将在公务、旅游等特殊场景中先行破局
11	一名驾照被吊销的大学毕业生借用朋友账号驾驶共享汽车,途中发生一死两伤的交通事故
12	这起事件凸显共享汽车带来的交通责任预防和分配更加复杂
13	共享汽车的租赁方式,省去了面对面的人工审查,无形中放大了安全隐患
14	共享汽车行业发展面临的最大问题既不是缺技术,也不是缺资金,而是法律法规的漏洞
15	由于缺少门店服务,共享汽车也许还会面临用户体验问题
16	共享汽车一定是未来的方向,它有助于缓解私人小汽车的保有量
17	使用不方便是目前共享汽车,甚至汽车租赁业尚未爆发的重要原因
18	同网约车、出租车相比,共享汽车的使用强度还要弱很多
19	南方日报联合普华永道思略特编制的共享汽车趋势报告显示
20	无疑也给当下共享汽车市场注射了一支"兴奋剂"
21	停车点、充电桩不足是制约共享汽车发展的"硬伤"
22	喻征东表示,共享汽车取代私家车不无可能
23	共享汽车还不能够完全取代私家车,但这会加速改变人们的消费习惯
24	共享汽车新政发布:鼓励发展新能源车,鼓励信用模式代替押金
25	坚持鼓励汽车共享或共享汽车业态
26	这意味着包括"共享汽车"或"汽车共享"在内的小微型客车租赁将进入发展"快车道"
27	明确鼓励共享汽车分时租赁模式
28	眼下,采用分时租赁模式的共享汽车在一二线城市不断涌现
29	共享汽车,下一个独角兽行业?
30	不过,在国内共享经济的浪潮中,共享汽车发展相对缓慢
31	重资产的共享汽车更难以实现规模化

表5.10(续)

序号	搭配索引
32	通过共享汽车，未来出行服务企业能够给消费者提供随时随地的移动服务，消费者将减少对拥有汽车的依赖性
33	花2分钟完成注册后，即可开走一辆共享汽车
34	除了上汽旗下的环球车享之外，不少传统车企先后布局共享汽车领域
35	这些公司投放的共享汽车大部分是小型低配的新能源汽车
36	共享汽车已经进入人们生活，但到底什么是共享汽车？
37	广告向人们宣告：共享汽车分时租赁攻城略地的战火已经燃起
38	通常所说的共享汽车包括网约车和分时租赁两类
39	当前市场热议的共享汽车主要是指汽车分时租赁这一商业模式
40	推动消费者接受共享汽车最重要的因素是便利性
41	新能源汽车是中国共享汽车市场的绝对主导车型
42	而"80后""90后"成为新生的消费主力，有利于共享汽车市场接受度的提升
43	共享汽车的未来或是无人驾驶
44	共享汽车广阔的发展前景，吸引众多传统车企、科技公司以及创业企业逐鹿这一新市场
45	面对欧美国家已有共享汽车企业倒闭的现实，中国共享汽车企业必须先学会如何"活下去"
46	共享汽车和其他分享经济行业有所区别
47	共享汽车要面临长期的资产端投入
48	但易到现在坚持的共享汽车的生态之路，在全球的出行领域平台公司里面都是创新的

分析结果表明，"共享汽车"这个词最早出现的时间为2016年8月2日发表于"新浪财经"标题为《滴滴优步宣布合并易到正面PK滴滴优步》的文章中。

从表5.10中的搭配索引可以看出，"共享汽车"的搭配范围广泛，除正式语体的"明确鼓励共享汽车分时租赁模式"等较为正式的表达外，也广泛使用在如"花2分钟完成注册后，即可开走一辆共享汽车"之类的口语和评述类搭配中，这一点与"分时租赁"和"小微型客车租赁"有明显差异。

在话语传播中，互文现象显著。词汇互文除了同形互文外，也有大量的异形互文，如使用"汽车共享"等语义相同的表达。在结构互文方面，并没有完全保留了源语中的句式排列，有一定的信息增量。在引用方面，新闻语篇在对该词语的转述中，既大量使用间接引语，也使用直接引语。

从表 5.10 中的搭配索引可以看出，"共享汽车"正负面的搭配均有出现。正面搭配有"破局""创新""生态""广阔""新能源""便利"等。负面搭配有"倒闭""缓慢""缺少""漏洞""隐患""硬伤"等，其一方面，基于用车的具体操作层面，如"违章记分""停车点""充电设备""押金"和"身份验证"等；另一方面，基于行车安全和保障机制层面。总体而言，"共享汽车"这一概念的公众接受度较高，针对共享汽车的监管政策出现的比较早，反映了政府的明确支持态度，但关于"共享汽车"商业操作和未来前景层面，场域行动者普遍仍存在较多顾虑。

5.2.6 共享单车类范畴的分析结果

5.2.6.1 共享单车类范畴的 Concordance plot 分析结果

共享单车类范畴的核心词汇"共享单车"及"互联网租赁自行车"在语料库中的 Concordance plot 分析结果见附录 B。

"共享单车"词频数 Concordance hits 为 345，第一次出现在语料中是 2015 年 10 月 14 日发表于"山西新闻网"标题为《跃然青春与 P8 青春版共享绿色校园》的文章中。虽然出现时间相对较晚，但是"共享单车"的词频较高，在各类新闻来源和各种语体中被广泛讨论。"共享单车"出现的新闻篇数较多，在同一篇新闻中出现的次数也较多。共享单车作为解决"最后一公里"的共享出行模式，其使用的群体更为广泛，且使用费用较低，因而更易引发全民的大讨论。

5.2.6.2 共享单车类范畴的互文分析

根据前文的分析，"互联网租赁自行车"和"分时租赁""网络预约出租汽车"一样，是一个较为官方的词汇，认知方面的变化较小，因此本研究在这个类别仅分析"共享单车"的互文情况，如表 5.11 所示。

表 5.11 "共享单车"的搭配索引

序号	搭配索引
1	ofo 将成为全球首个支持 NFC 近场支付功能的共享单车平台
2	9 月 15 日发布的《指导意见》提出共享单车需配备车载卫星定位装置和智能终端
3	各地开始运用"互联网+"的手段，包括共享单车、共享汽车、共享停车等在内的共享交通的发展

表5.11(续)

序号	搭配索引
4	使其与公共汽车、地铁、出租车、共享单车等协调发展
5	继共享单车之后，"共享汽车"（官方称"分时租赁"）新规也正式发布了
6	从"共享单车"目前的发展来看，鼓励"免押金"以及类似基于支付宝、微信的"免押金"用车方式已经相继出现
7	指出共享单车在有效解决城市交通出行"最后一公里"问题、缓解城市交通拥堵、构建绿色出行体系等方面发挥了积极作用
8	对于共享单车遍地停放与城市公共资源有限产生的矛盾
9	鼓励和规范共享单车发展
10	各家运营商估值屡创新高，共享单车运营问题则层出不穷，占道、车辆损坏、影响城市交通等
11	交通部就对外发布共享单车指导意见征求意见稿
12	政府将对共享单车将实施"包容审、慎监管"
13	共享单车的总量控制似乎势在必行
14	朱巍认为，共享单车企业竞争属于市场问题，应该交由市场解决
15	业内人士还认为，总量控制或将改变目前共享单车竞争格局
16	但后进者若能拿出更有竞争力的产品，共享单车行业重新洗牌也不无可能
17	也不一定是针对共享单车模式，更多是基于对上位法的合理延续
18	对于共享单车，用户数据是最重要的
19	这不仅降低了市民对共享单车的使用效率，还在一定程度上影响了城市的交通秩序和市容面貌
20	这些共享单车企业能否很好地遵守新规呢？
21	率先倡导并推进共享单车信用体系建设
22	请全社会一起监督，共同做好12岁以下儿童禁止骑共享单车的管理
23	现在看来，共享单车正逐步复制当年网约车从草莽竞争到规范化管理的老路
24	共享单车被定义为非机动车的分时租赁，是公共交通的补充
25	共享单车自面世起就存在许多争论
26	这次的共享单车行业新政肯定会"雷声大雨点也大"
27	共享单车公司有专门的团队与征信体系对接，但作为市场主体的普通用户却依旧处于需要普及"信用体系常识"阶段
28	更何况还需要共享单车们支付足够的市场教育成本

序号	搭配索引
29	无论是共享单车的乱停乱放，还是此前闹得沸沸扬扬的12岁儿童事件
30	这是以共享单车为代表的共享经济出现快速发展以来，中央部门首次在较高层面对一个新兴市场业态做出规范性指导
31	共享单车之所以受到大众的欢迎，是因为解决了城市交通的"最后一公里"问题
32	11岁男孩骑共享单车被撞身亡等案件，加深了大家对共享单车使用安全的担忧
33	如今，北京、上海等城市的共享单车可谓是"五彩斑斓"
34	越来越多的企业想在"共享单车"的碗里分一勺羹
35	市场上的共享单车越来越多，但停车点又相对稀缺
36	研究建立与之相适应的车辆投放机制和共享单车停放区域
37	据媒体报道，武汉也有高校禁止共享单车驶入
38	自从共享单车问世，对于押金的争论就一直存在
39	之前就一直有许多消费者吐槽共享单车押金太高、收费标准不明确
40	截至今年7月，全国共有共享单车运营企业近70家
41	将使得共享单车行业由目前相对的无序扩张的阶段向精细化竞争阶段逐渐过渡
42	共享单车新规来了！禁止向未满12岁的儿童提供服务
43	共享单车是分时租赁营运非机动车，是城市绿色交通系统的组成部分，是方便公众短距离出行和公共交通接驳换乘的交通服务方式
44	累计投放共享单车已经超过1 000万辆，累计服务用户超过了10亿人次
45	被网友们戏称为"新四大发明"的共享单车获得了现象级的发展
46	共享单车正在给城市交通添"堵"
47	也就是大家常说的共享单车，是城市绿色交通系统组成部分
48	快速发展的共享单车亟待政府、单车企业、公众多方探索治理新路径
49	让老百姓可持续性地享受共享单车的便利
50	共享单车发展中的主要矛盾集中在"投放数量大"和"停放空间不足"之间
51	大部分城市已经开始引导共享单车企业增加运营维护人员
52	尤其在火车站、大型商超、大型医院周边应该增加收容、摆放的人员，以规范共享单车的停放
53	目前，一些共享单车企业已经开始试点电子围栏技术

序号	搭配索引
54	互联网租赁自行车即共享单车在我国快速发展
55	李克强总理指出，共享单车作为分享经济催生的新业态
56	规范和指导共享单车发展的牵涉面很广
57	共享单车一般向用户收取99元到299元的押金
58	截至当前，共享单车第一梯队的两大品牌，均已接入高德地图
59	经常使用共享单车的用户，可以将共享单车按钮排在前面
60	网约车新政和共享单车出现对缓堵有积极作用，五公里以下距离的驾车出行比例下降
61	相比共享单车在管理新政出台之后也会从如今的疯狂往理性发展
62	未来共享单车会和此前的快车一样，以一方独大、市场格局稳定下来而鸣锣收兵
63	当前共享单车在资本的风口
64	但城市地铁、公交、共享单车日趋方便，打车的可替代、可选择性已很强
65	事实上，共享单车智能锁也有不同的技术路线
66	而直到物联网和共享单车结合起来，开启了新的可能性
67	这也是除了提供绿色便捷的出行服务以外，共享单车可能带给社会的新价值
68	西安市首次明确私占毁坏共享单车行为将依法处罚
69	由政府部门联合共享单车企业发布共享单车的普法知识
70	他成为自共享单车进入西安后，因私藏行为被警方刑拘的第一人
71	点击共享单车模块后，即可查看周围的摩拜单车
72	这一数字再次刷新了共享单车行业诞生以来的单笔融资最高纪录
73	ofo小黄车已经连接超650万辆共享单车，日订单超2 500万
74	ofo联合中国电信、华为研发的全球首款共享单车NB-IoT"物联网智能锁"已正式应用
75	网约车和共享单车企业依靠烧钱补贴争抢市场份额并迅速取得领先
76	眼下，被共享单车带火的各种共享经济正在风靡，共享充电宝、共享雨伞、共享篮球
77	在随机采访中，有不少小学生表示自己曾骑过共享单车
78	骑过共享单车的人都知道
79	昨天下午一个小于十二岁使用ofo共享单车出了车祸的孩子

表5.11(续)

序号	搭配索引
80	用 ofo 共享单车造成了安全事故：有网友发布一条令人唏嘘的微博
81	享单车用户退押金受阻后打投诉热线维权才拿回钱
82	中国消费者协会组织 ofo、摩拜、小蓝、由你、永安行 5 家共享单车公司座谈
83	除了押金之外，蚂蚁金服还与一些共享单车公司合作，推出了信用租车的服务
84	共享单车肇事逃逸找不到嫌疑人
85	将上门传唤 ofo 共享单车相关管理人员并调取证据
86	那些跟跑慢、转型慢的共享单车企业
87	不过，与共享单车快速融资、快速扩张形成鲜明对比的是
88	家长将孩子放在共享单车前方车筐的图片
89	共享单车：鼓励采用罚款方式规范停车
90	对于共享单车运营中出现的问题以及可能存在的风险
91	交通运输部对共享单车发展高度关注
92	目前共享单车软件都需要手机号、身份证号码等多种信息验证
93	ofo 以实际行动全力配合政府解决共享单车创新和前进中的问题
94	用共享经济模式提高效率、节约社会资源的共享单车企业
95	落地海外进行运营、输出全球的共享单车平台
96	引领中国共享单车成为全球标准
97	共享单车行业未来将可能会采用中国自主研发的北斗卫星导航定位技术来逐步代替美国 GPS 定位技术
98	综上可见，目前各类共享单车项目完全是在歪曲共享经济的概念
99	共享单车类创业项目已陷入全行业囚徒困境
100	但当前的各类共享单车类创业项目全部没有成熟的盈利模式
101	对共享单车类创业项目存在的市场过剩风险予以及时提示，并对明显采用价格补贴方式谋求市场支配地位的企业予以警示
102	随着共享单车进入我们的生活
103	短程订单采用公交、地铁、共享单车等出行方式是更好的选择
104	而更为短途的出行需求则被共享单车、共享电动车所包揽
105	快车、共享单车等方式的出现更是引发了出行方式的一次次变革
106	共享单车太难找，基本上还是以打摩的为主
107	随地可见的被黑车司机毁坏的共享单车

表5.11(续)

序号	搭配索引
108	共享单车、拼车、摩的、黑车、摆渡电瓶车等各路力量都盯上了这门"大生意"
109	哪位低素质用户无视'共享单车'的规定，图自己省事随便停车
110	除了找不到车，"共享单车"还存在想用时用不上的问题
111	不讲诚信行为最突出表现在，一些"共享单车"被个人加上自己的锁、放家里行为或毁损
112	共享单车刚好是一块试金石
113	2 000多辆校园"共享单车"已经上线运行
114	网络可以完美支持"共享单车"应用的运行，当仁不让地加入到了资源共享、保护环境的行动中，共同演绎跃然青春
115	周雪梅说的"车"，指的便是近来很火的"共享单车"

从表5.11的搭配索引可以看出，"共享单车"的搭配范围广泛，除正式语体的"鼓励和规范共享单车发展""共享单车是分时租赁营运非机动车，是城市绿色交通系统的组成部分"等较为正式的表达外，也广泛使用在如"共享单车太难找""骑过共享单车的人都知道"之类的口语和评述类搭配中，这一点与"互联网租赁自行车"有明显差异。

在话语传播中，互文现象显著。词汇互文除了同形互文外，也有大量的异形互文，如使用"小黄车""ofo""摩拜"等指涉性不同但意义相同的表达。在结构互文方面，并没有完全保留了源语中的句式排列，信息增量较大。在引用方面，新闻语篇在对该词语的转述中，大量使用间接引语，间接话语没有明确区分报道者与被报道者的"声音"，引用者可以将自己的话语混进被报道者的话语，产生新的意义。

从表5.11中的搭配索引可以看出，"共享单车"正负面的搭配均有出现。正面搭配有"绿色""欢迎""五彩斑斓""便利"等。负面搭配有"矛盾""损坏""歪曲""乱停乱放""沸沸扬扬""担忧""争论"等，主要基于"共享单车"是否属于共享经济形式、儿童骑行的年龄限制、单车用户的素质等问题的讨论上。这些问题在意义的不断碰撞中不断地影响人们的认知，并最终形成互动产生相对固定的认识。总体而言，"共享单车"这一概念作为一个意义类属，公众接受度较高，针对共享单车的监管政策出现得比较早，反映了政府的明确支持态度，但关于"共享单车"用户素质、停车监管等问题，场域行动者曾发生了激烈的认知碰撞，在意义传播的过程中，用户的素质不断提高，相关的监管也不断进行制度完善。

5.2.7 小结

本节对"出租车移动打车类范畴""专车（快车）类范畴""顺风车（拼车）类范畴""移动租车类范畴""分时租赁（共享汽车）类范畴"以及"共享单车类范畴"六大意义类属的 14 个核心词汇进行了 Concordance plot 分析，分析了它们在语料文本中的分布和扩散情况。

另外，本节还研究了这六大意义类属的 14 个核心词汇的搭配索引，对这些词汇进行了互文分析，分析了一个概念类属在不同语篇中的互动和发展，意义的吸收与转化情况。

分析结果表明，在"出租车移动打车类范畴"中，"网络约车"这个词比"网约车"出现得更早，但"网约车"这个词汇出现后，其在各个阶段的词频均远高于"网络约车"并逐步取代了"网络约车"，成为一个普遍的用法。"网络预约出租汽车"出现的时间较晚，是经过一段时间的话语碰撞之后，出现的一个比较官方的提法。

"网络预约出租汽车"多于"经营者""经营许可""驾驶员证""经营服务行为"等较为正式的词语搭配。词汇互文多为同形互文，在结构互文方面，大多保留了源语中的句式排列，信息增量较小。在引用方面，新闻语篇在对该词语的转述中，多采用直接引语，将源语中的原话一字不差地引用过来，这种方式最大化地保留了源语中的原意，客观地反映了源语中的意图。"网约车"的搭配范围广泛，从正式语体到口语和评述类搭配均有。在话语传播中，互文现象显著。词汇互文除了同形互文外，也有大量的异形互文，如使用"互联网约车""新型网约车""网络约车"等表达。在结构互文方面，并没有完全保留源语中的句式排列，信息增量较大。在引用方面，新闻语篇在对该词语的转述中，大量使用间接引语，间接话语没有明确区分报道者与被报道者的"声音"，引用者可以将自己的话语混进被报道者的话语，产生新的意义。"网约车"从最初的"互联网约车""网络约车"等表达不断进行意义碰撞和互动，最终确立下来，成为一个普遍接受的意义范畴，展示了意义是的产生、互动以及隐藏在媒介话语的媒介符号之中。

"专车"这个概念出现之后，在不同时间段均匀出现，作为一个口语化的词汇，广泛被提及，多出现在评述性的新闻等非官方语体中。此外，专车这个概念，经常被作为一种软件名使用，如"神州专车""曹操专车""优步专车""滴滴专车"等。"快车"与"专车"不同的是，"快车"出现的时间较晚，词频较低，出现的新闻篇数也较少。"专车"的搭配范围广泛，除了部分政策法规中的语体较为正式，其他大部分出现在口语和评述类搭配中。在话语传播中，互文现象显著。词汇互文除了同形互文外，也有大量的异形互文，如使用"快车""约车"等表达。在结构互文方面，并没有完全保留了源语中的句式排列，信息增量较大。在引用方面，新闻语篇在对该词语的转述中，大量使用间接引语，间接话语没有明确区分报道者与被报道者的"声音"，引用者可以将自己的话语混进被报道者的话语，产生新的意义。"专车"多与"罢工""停运""甩客""安全""合法""问题""资格""身份""禁止""担心""争议""整治""监管""处罚"等负面或不确定性的词汇共同出现，体现了"专车"作为一个新生范畴，在产生初期经历了激烈的合法性危机。

"顺风车"和"拼车"自 2013 年首次出现后，很长一段时间不被讨论，直到 2015 年 10 月网约车新规颁布以后，才开始不断被讨论。"顺风车"的搭配范围广泛，广泛使用在大量的口语和评述类搭配中，少量出现在正式法规和对法规的转述中。在话语传播中，互文现象显著。词汇互文除了同形互文外，也有大量的异形互文，如使用"拼车""便车"等表达。在结构互文方面，大量的新闻转述并没有完全保留了源语中的句式排列，信息增量较大。在引用方面，新闻语篇在对该词语的转述中，大量使用间接引语，间接话语没有明确区分报道者与被报道者的"声音"，引用者可以将自己的话语混进被报道者的话语中，产生了新的意义。在关于"顺风车"利于春运的新闻报道中，不同话语声音试图通过增加信息量，添加新的声音，来强调"顺风车"对缓解春运压力所发挥的巨大作用。"顺风车"多与"公益""绿色""愉快""共享""节约""方便""勤劳"等积极正面的词共同出现，少量搭配负面词如"安全""保险""非法"，主要出于对出行安全的考虑。总体而言，"顺风车"的公众接受度较高，政府部门也一直是明确支持的态度。"顺风车"被普遍认为，能够缓解城市交通拥堵，促进节能减排，分摊成本，方便出行。

"P2P 租车"的出现远早于真正意义上的移动共享出行蓬勃发展期。P2P租车是一个很早就产生的共享概念。P2P 租车的概念自出现后，在各个时期均被讨论，但争议性的讨论较少，是一个广为认同的稳定意义范畴。"P2P 租车"的搭配范围比较固定，多与"模式""产品""保险体系""行业""平台""受众"等大量的偏正式的商业语体类搭配，基本没有出现在任何正式法规和对法规的转述中，这说明"P2P租车"是移动出行类企业较多使用的表达，在普通移动出行用户中的接受度较低。在话语传播中，互文现象不显著。词汇互文多为同形互文，基本保留源语中的表达。在结构互文方面，转述基本保留了源语中的句式排列，信息增量很小。在引用方面，新闻语篇在对该词语的转述中，包括直接引语和间接引语，但语义基本稳定。"P2P租车"多与"烧钱""案件""寒冬""故事""风险""诈骗""死亡""原罪"等负面的词共同出现，少量搭配正面的词也同时使用了有轻微贬义色彩的"趋之若鹜""雨后春笋"等表达。总体而言，这体现了场域行动者对"P2P租车"的质疑，有较为严重的合法性顾虑和对行业前景的不信任。

"分时租赁"和"共享汽车"这一组范畴出现的时间较晚，是"网约车"等范畴已经被广泛接受以后出现的。"分时租赁"不仅指汽车的分时租赁，还包括其他交通工具的分时租赁，只是在一定的语境下，被用来特指汽车的分时租赁，即"共享汽车"。"分时租赁"和"小微型客车租赁"均为相对正式和官方的表达，意义稳定，是广为接受的意义范畴，合法性的争论基本没有。其中"小微型客车租赁"更是仅出现在官方文件和对官方文件的转述中。"共享汽车"除了出现在正式语体中，在口语化的语体中也被广泛使用，但总体而言，关于共享汽车意义范畴的争论较少。"共享汽车"的搭配范围广泛，从正式语体到口语和评述类搭配。在话语传播中，互文现象显著。词汇互文除了同形互文外，也有大量的异形互文，如使用"汽车共享"等语义相同的表达。结构互文方面，并没有完全保留源语中的句式排列，有一定的信息增量。在引用方面，新闻语篇在对该词语的转述中，既大量使用间接引语，也使用直接引语。"共享汽车"正负面的搭配均有出现。正面搭配有"破局""创新""生态""广阔""新能源""便利"等。负面搭配有"倒闭""缓慢""缺少""漏洞""隐患""硬伤"等，主要一方面基于用车的具体操作层面，如违章记分、停车点、充电设备、押金和身份验证等，另一方面基于行车安全和保障机制。总体而言，"共享汽车"这一概念的公众接受度较高，针对共享汽车的监管政策出台得比较早，反映了政府明确支持的态度，但关于"共享汽车"商业操作和未来前景层面，场域行动者普遍仍存在较多顾虑。

虽然在诸多的咨询报告和网络文章中，共享单车被认为是O2O移动出现的重要方式，但关于共享单车是否为共享业态仍然存在着较大的争议，故而，经过以上分析，在第三个维度的讨论中，笔者将把共享单车这种形式排除在外，只讨论汽车的移动共享。

5.3 第三维度分析结果——社会背景

5.3.1 中国共享经济的社会语境

在技术、经济、文化等多种因素的综合作用影响下，分享经济从 20 世纪 70 年代一个关于协同消费的概念，成了近几年风靡全球的社会实践。

中国共享经济蓬勃发展，市场交易额持续增长，带来了经济社会领域的深刻变革。根据 2017 年 2 月国家信息中心分享经济研究中心和中国互联网协会分享经济工作委员会联合发布的《中国分享经济发展报告 2017》，中国分享经济市场交易额在 2016 年约为 34 520 亿元，这一数字比 2015 年增长了 103%，中国分享经济融资规模在 2016 年约为 1 710 亿元，这一数字较 2015 年增长了 130%。此外，中国参与分享经济活动的人数在 2016 年已经达到 6 亿多，这一数字比 2015 年增加了 1 亿左右。中国分享经济平台的就业人数约达到了 585 万。

大力支持共享经济的发展是中国政府的明确目标，以进一步提高资源利用效率，同时以体制机制创新促进分享经济发展。共享经济两次被写入中国政府工作报告，并在政府的大量政策性文件中被强调，如表 5.12 所示。

表 5.12　2016 年出台的鼓励分享经济发展的部分政策文件

时间	文件名称	相关表述
3 月	《2016 年政府工作报告》	支持分享经济发展，提高资源利用效率，让更多人参与进来、富裕起来。要推动新技术、新产业、新业态加快成长，以体制机制创新促进分享经济发展
3 月	《关于促进绿色消费的指导意见》	支持发展共享经济，鼓励个人闲置资源有效利用，有序发展网络预约拼车、自有车辆租赁、民宿出租、旧物交换利用等，创新监管方式，完善信用体系

表5.12(续)

时间	文件名称	相关表述
4月	《关于深入实施"互联网+流通"行动计划的意见》	鼓励发展分享经济新模式……激发市场主体创业创新活力，鼓励包容企业利用互联网平台优化社会闲置资源配置，拓展产品和服务消费新空间新领域，扩大社会灵活就业
5月	《关于深化制造业与互联网融合发展的指导意见》	推动中小企业制造资源与互联网平台全面对接，实现制造能力的在线发布、协同和交易，积极发展面向制造环节的分享经济，打破企业界限，共享技术、设备和服务
7月	《国家信息化发展战略纲要》	发展分享经济，建立网络化协同创新体系
8月	《推进"互联网+"便捷交通促进智能交通发展的实施方案》	发展"互联网+"交通新业态，并逐步实现规模化、网络化、品牌化，推进大众创业、万众创新

5.3.2　共享概念的范畴化

如前文所述，范畴化（categorization）是分类的心理过程（Ungerer & Schmid，2001）。人类在认识世界时，从事物的千差万别中找到相似性，比如在功能、形状、性质等方面的相似性，再把这种可辨别的事物歧异性处理成相同的类别，进而形成概念。概念是范畴化的最终产物，被称为认知范畴或概念范畴（王寅，2007）。Lakoff 等认为范畴化对于行动、感知、思维和语言来说是人类认知世界的基本手段，是产生词汇需经历的早期阶段。对某一事物的命名，从一个人开始传给另一个人，因为事物之间的相似性，某些事物被归为一类。这一命名使用较多以后，便形成了固定的概念，对一种范畴的概念化之后，便用文字语义表示。也就是说，词汇是概念化和范畴化的结果。概念、活动和语言都是隐喻性地组织在一起，概念隐喻是人类的思维方式，是认知的基本模型（Ungerer & Schmid，2006）。隐喻的实质是通过一类事物来体验和理解另一类事物。隐喻是语言的常态，在日常生活中比比皆是。除了显性的隐喻外，还有很多系统性的潜移默化的长期规约类的隐喻，隐喻本身是一种思维方式。人类赖以思考和行动的概念系统均由隐喻的形式建构与界定（Lakoff & Johnsen，2003）。

在中国，交通工具的范畴化也是一个不断变化的过程。范畴化从新的角度建立新的分类，新的分类与原有的类别既可能界限分明，也可能交叉重叠。在创立某一范畴时，人们根据典型成员来归纳范畴，也通过典型成员的共同属性来习得范畴。

在中国，交通工具最初可能是一个"人造物"的上位范畴，而作为动物的"牛""马""驴"也曾是中国农业社会重要交通工具，被纳入交通工具的范畴。但是，"牛""马""驴"的上位范畴实际上是"动物"。同时，在中国，车一直是人类的一种交通运输工具。在人类的不断发展过程中，车的制造技术越来越先进，车的类别不断增多，车的分类方法不断演进。总之，车在中国古代一直是一个交通工具的核心范畴。仓颉造字时已经有了车这一文字的存在，甲骨文和金文中也有车的身影。车在中国古代最初是"战车"，一种有轮子，由动物驱动的战斗工具。在中国古代的历史文献中，"车"意为"战车"的例子很多，比如，屈原的《国殇》"操吴戈兮披犀甲，车错毂兮短兵接"；杜甫的《兵车行》"车辚辚，马萧萧，行人弓箭各在腰"等文献中均有体现。因此，在中国，所有靠轮子传动而工作的器械，如纺车、水车、风车以及所有的汽车、自行车、架子车、马车、电动车等都被归为一个范畴。《现代汉语词典》对车辆的定义是"各种车的总称"。百度百科显示车辆包括机动车和非机动车两个大类。机动车，指"以动力装置驱动或者牵引，上道路行驶的供人员乘用或者用于运送物品以及进行工程专项作业的轮式车辆"。非机动车，指"以人力或者畜力驱动，上道路行驶的交通工具，以及虽有动力装置驱动但设计最高时速、空车质量、外形尺寸符合有关国家标准的残疾人机动轮椅车、电动自行车等交通工具"。

关于汽车这一个车辆范畴的原型词汇，不同的词汇解释工具的释义不尽相同。《现代汉语词典》的释义为"汽车是用内燃机做动力，主要在公路或马路上行驶的交通工具，通常有四个或四个以上的橡胶轮胎。用来运载人或货物"。《辞海》的释义为"汽车是一种能自行驱动，主要供运输用的无轨车辆。原称'自动车'，因多装用汽油机，故简称汽车"。百度百科的释义为"汽车是指以汽油、柴油、天然气等燃料或者以电池、太阳能等新型能源由发动机作动力的运输工具。一般具有四个或四个以上车轮，不依靠轨道或架线而在陆地行驶的车辆""汽车通常被用作载运客、货和牵引客、货挂车，也有为完成特定运输任务或作业任务而将其改装或经装配了专用设备成为专用车辆，但不包括农用车辆"。从百度百科的释义可以看出，随着现代汽车行业的发展，电动汽车、太阳能车等新能源车不断出现，分类范畴的含义发生了新的变化。百度百科的补充词条提供了更多开放性的解释，其中的释义认为"汉语的汽车一词的含义就是包括小轿车、公交车、卡车、救护车、救火车、吉普车、越野车、赛车、洒水车、工程车等所有由内燃机或电池、太阳能等驱动的四轮以上的车辆"（轩治峰，2017）。

（1）交通工具是否常用/常见（目前标准），如5.13所示。

表5.13　常用交通工具

情况	交通工具
常见	汽车、货车、公交车、自行车、火车、地铁、摩托车、飞机、轮船、电梯
不常见	滑板、平衡车、轿子、马车、火箭

（2）交通工具的速度如何，如5.14所示。

表5.14　交通工具的速度

速度	交通工具
快	飞机、火箭……
中速	火车、汽车、地铁、摩托车、轮船、电梯……
慢	自行车、滑板、平衡车、轿子、马车……

（3）驾驶和行进的方式不同（海上、陆上、空中的区别），如表5.15所示。

表5.15　交通工具驾驶和行进的方式

方式	交通工具
海上	轮船、航母
陆上	火车、汽车、地铁、摩托车、自行车、滑板、平衡车、轿子、马车
空中	火箭、飞机

（4）乘坐交通工具的人类坐姿，是否有座位，如表5.16所示。

表5.16　乘坐交通工具的人类坐姿

交通工具	火车	汽车	自行车	船	飞机	轿子	马	电梯
乘坐姿势	坐	坐	坐	坐	坐	坐	坐	
	站	站		站	站			站
	卧	卧		卧	卧			

（5）是否可以共享

"共享"的制度逻辑，改变了人们对社会的分类，塑造了行为主体的认知，推动了中国O2O移动出行组织场域内的制度变迁。

以前没有把共享的概念运用到交通实践中，现在开始思考什么可以共享，如表5.17所示。

表5.17　交通工具的共享

类型	可共享的出行方式	暂时不能共享的出行方式
交通工具	自行车、电动车、摩托车、滑板车、平衡车、自家私家车、租车公司车辆、巴士、公交车、出租车……	步行、轮船、火车、地铁、飞机……

在移动共享出行行业产生之前，私家车只能用于个人使用；在移动共享出行行业产生之后，私家车可以用来运营，并收取费用，典型的例证如专车业务和快车业务。

在移动共享出行行业产生之前，偶尔的共享行为，大多是免费的，比如免费搭乘熟人或陌生人的顺风车；在移动共享出行行业产生之后，共享人可以受益，典型的例证如私人小汽车合乘和顺风车（拼车）业务。

（6）车是否在巡游

以前出租车默认是巡游，空驶寻找乘客；现在网约车须预约，产生了巡游出租汽车和网络预约出租汽车的概念。

5.3.3　从家庭到共享

移动出行行业的制度创业背后存在着多元制度逻辑，就汽车共享而言，表现出明显的从家庭到共享演进变化的过程，正是这一主导核心逻辑的变化，带来了新的观念制度的产生，并产生了一系列的制度创业行为。这一点可以从话语范畴里找到大量证据。

从表5.18"家"和"共享"的共显索引可以看出，私家车最初是家庭或个人所有的私有财产，仅为家庭提供私人服务，体现人们对物品的个人所有权。一般家庭倾向于保护这种个人产权，即使开始意识到这一个人物品有大量的时间处于闲置的境地，开始意识到这一物品的使用和维护成本高昂，但是依然保持私人所有，规避风险。这是典型的家庭逻辑。家庭逻辑建立在婚姻制度的仪式之上，以繁衍家庭成员作为最基本的义务，以无条件地对家庭成员忠诚作为信仰基础。这一建立在私有产权下的家庭逻辑，在共享观念的影响下，发生了变化。"家"共显索引的第一条："我家的车可以开网约车吗？有什么条件？"，话语实施人的观念开始变化，开始思考家庭所有的物品，可否以及如何进行共享。"一些澳大利亚的家长开始用网约车来接送孩子去上课外班"，话语实施者开始引述别人的分享行为，并将该行为陈述给更多人，共享概念在话语传播中被强化。"对于一般家庭来说，车辆还是属于大件商品，出租风险相当高"，体现了家庭逻辑的根深蒂固的影响，通过推测风险来排斥新的逻辑，属于旧逻辑的挣扎。"每天送孩子上学后到上班之前，我能接上1到2个专车订单"，话语实施人并未完全表明自己对共享观念的接纳，但是已经在行为上施与了共享行为。车辆作为家庭私有财产，它的核心任务是满足家庭成员使用的需要，比如话语中的送孩子上学，是典型的家庭需求。但是当家庭逻辑下的家庭需求被满足之后，话语人将车辆进行了共享，接了1到2个专车订单，逐步显示了家庭逻辑向共享观念的转化。"在私家车使用成本高昂，公共交通拥堵不堪的背景下，对于投资人来说，汽车从私有到共享再到自动驾驶，是一个必经的路径。"话语人从宏观上阐释了家庭逻辑下的私家车存在成本昂贵的劣势，从而做出了私有到共享是必经之路的论断，在宏观领域促进场域行动者接受家庭逻辑到共享观念的变迁。"将私家车的车辆性质登记为'租赁'并符合当地有关规定，也可以从事分时租赁业务。不同于私家车仅为家庭提供私人服务，分时租赁车辆为社会公众提供服务且以此营利，服务对象更加广泛。"话语人下定义式地将私家车从事租赁共享业务进行概念化。最初，私家车为家庭提供服务，是一个普遍认同毫无争议的一个共同理解，但是由于共享观念的出现，网约车、分时租赁行为的产生，意义发生了变化，产生了新的意义类属，为家庭提供服务变成了一种"私人"服务，而将车辆进行分时租赁则是一种"公共"服务，这种"公共"服务可以成为"私家车"的属性，而且这种服务具有服务对象更为广泛的优势。

表 5.18　"家"和"共享"的共显索引

家庭私有	共享
1. 我家的车可以开网约车吗？有什么条件？ 2. 一些澳大利亚的家长开始用网约车来接送孩子去上课外班 3. 对于一般家庭来说，车辆还是属于大件商品，出租风险相当高 4. 每天送孩子上学后到上班之前，我能接上1到2个专车订单 5. 在私家车使用成本高昂，公共交通拥堵不堪的背景下，对于投资人来说，汽车从私有到共享再到自动驾驶，是一个必经的路径 6. 这些已经被市场培养出共享经济意识的私家车主们，恐怕已经无法忍受被"闲置"的冷落 7. 将私家车的车辆性质登记为"租赁"并符合当地有关规定，也可以从事分时租赁业务。不同于私家车仅为家庭提供私人服务，分时租赁车辆为社会公众提供服务且以此营利，服务对象更加广泛	1. 网约车平台是在共享经济的时代背景下发展起来的新兴业态 2. 共享经济提倡将闲置资源出租，提高其利用率并取得一定的收益 3. 汽车的共享经济在节能减排上有较大社会意义 4. 盘活了很多闲置的车辆，充分发挥资源共享优势，在没有增加社会更多成本的前提下解决了更多的出行需求 5. "共享"概念，从来没有像如今这么火。大家对"共享"的接受速度大大超出了预期 6. 共享经济模式将是未来改变私有资源二次分配的重要经济模式 7. 因为共享经济的本质是信息经济发展到一定程度后，物不再以稀为贵，在共享基础上，人们不再有对物质迫切的所有权需求

　　公众对"共享"的接受速度大大超出了预期。共享观念被广泛传播，在中国移动出行制度场域里被广泛接受。对共享观念的强化，体现在对共享行为的意义的不断肯定中。车辆共享行为，被认为"盘活了很多闲置的车辆，充分发挥资源共享优势，在没有增加社会更多成本的前提下解决了更多的出行需求"。这种强化了的共享观念，不断促进了移动出行行业组织场域中的制度创业。"共享经济模式将是未来改变私有资源二次分配的重要经济模式""因为共享经济的本质是信息经济发展到一定程度后，物不再以稀为贵，在共享基础上，人们不再有对物质迫切的所有权需求"。私有资源的最初使用核心是"私有"，而共享观念改变了人们关于私有和产权的共同理解，认为对物品不一定必须具有所有权，个人私有资源也可以进行二次分配。共享观念再次通过改变人们对"私有产权"范畴的分类认知，改变了人们的共同理解，影响了制度创业的进程。

　　那么，为什么在中国，共享观念广泛而迅速地被接受，产生了广泛而深刻地制度创业呢？本书认为，中国的私有产权观念制度较西方更为薄弱，更容易被共享的逻辑形式替代。西方产权理论主张私有产权，私有产权制度发展完善。而在新中国成立以后，国家全面垄断了产权形式，取消了市场交易，消灭了生产资料的私有产权，实现公有化，政府活动全面取替代了市场，确立了生产资料公有制是中国经济的基本制度以及公有产权的主体地位。1985 年，邓小平提出，在改革中应以社会主义公有制经济为主体，发展一部分个体经济。2003 年，中国共产党十六届三中全会通过的《中共中央关于完善社会主义市场经济体制若干问题的决定》指出：建立健全现代产权制度。产权是所有制的核心和主要内容包括物权、债权、股权和知识产权等各类财产权。建立归属清晰、权责明确、保护严格、流转顺畅的现代产权制度，有利于维护公有财产权，巩固公有制经济的主体地位，有利于保护私有财产权，促进非公有制经济发展。至此，中国才初步建立现代产权制度。虽然政府调整了国家、市场与产权的关系，但总体而言，民众的产权意识不强。这种微弱的产权意识，很容易被共享文化关于共同产权或开放产权的观念替代，进而把共享从家庭或内群体扩展到了社区和共同体，因此在中国，共享观念很容易被大众接受，形成共同认知。

共享观念实际上既是市场逻辑也是社区逻辑，是市场逻辑和社区逻辑在集体主义和社会主义的语境下的另一种表达。一方面，共享的核心要义是提高资源利用率，本质上与市场逻辑相契合。另一方面，共享是从家庭或内部群体扩展到了社区或共同体，具有社区逻辑的属性。在中国社会主义公有经济的社会语境下，市场经济曾经完全被消灭和禁止，以共享的概念出现，更容易被大众接受，从而被广泛传播。

5.3.4 多元制度逻辑下的制度创业阶段

从具体制度层面，在《网络预约出租汽车经营服务管理暂行办法》和《关于深化改革推进出租汽车行业健康发展的指导意见》（征求意见稿）发布前，监管部门依然希望通过对旧的出租车行业进行技术方面的改进，如建立统一电召平台，完善网络约车技术及监管措施来实现，不接受私家车参与营收式运营这种新的共享收益逻辑。2016 年 7 月《网络预约出租汽车经营服务管理暂行办法》和《关于深化改革推进出租汽车行业健康发展的指导意见》（征求意见稿）正式宣布私家车可以在一定条件下进行营收性运营。"共享"的制度逻辑被逐步接纳，私家车可以共享并取得收益，推动了 P2P 个人对个人的租车、分时租赁等共享模式的发展。随后各场域行动者普遍接受了共享的制度逻辑，制度创业的进程逐步理顺，其中，共享单车新政，特别是共享汽车新政在汽车共享大面积出现之前已经正式敲定。快车、网约车经历了激烈的合法性的讨论，共享单车、共享汽车则较为平稳的为大众接受，公共话语体系中的争议点也仅在技术和安全方面，如图 5.15 所示。

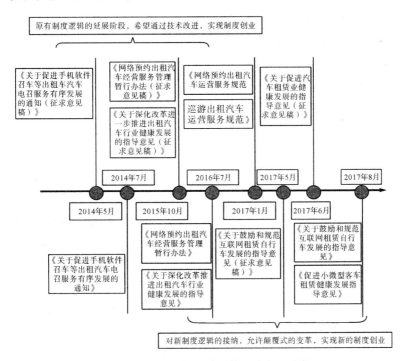

图 5.15　制度逻辑影响下的制度创业阶段

通过对语料的进一步梳理，根据 York 等在 *Converging Winds：Logic Hybridization in the Colorado Wind Energy Field* 中的分析框架，笔者整理了表 5.19。

表 5.19　制度逻辑演进过程的语料支撑

阶段	语料支撑
妥协	如果是私家车的话，我是绝对不会坐的
	私家车运营造成的隐患，民众对此也有诸多顾虑。
	对想利用私家车来赚点油钱的人来说，兼职专车司机的生涯将走到尽头。
	但出租车司机则一边倒地反对私家车运营合法化。
	尤其是最近交通部部长的一句话——"永远不许私家车进入专车"
	私家车做专车要罚 1 万元
	目前，私家车接送乘客不合法
	相关部门还将对私家车从事"专车"服务进行持续整治
	吸纳私家车其实一早就埋下了隐患
	盲目让私家车进入租赁领域对于公共安全而言，将有着非常高的风险，
	禁止私家车接入平台参与经营；凡利用私家车等社会车辆从事"私租车"服务的，均涉嫌非法营运
重构	他们希望在出租车行业与私人司机这两大传统门类中间找到一个平衡点
	利用闲置的私家车在繁忙时段提供出租服务，也许会是增加供给而又不加重道路负担的一个选项，因为私家车在没有订单时，不会在道路上空驶
	Sam Zaid 指出：全美有超过 2.5 亿辆私家车，这些车平均每天有 22 小时时间是闲置的
	在 25~35 岁的私家车车主中，近 17% 的人可以接受出租自家车的分享形式
	您要是有一辆私家车，只要车况 OK，经过简单的培训、考试，就可以接入专车软件上路了
	公众最关心到底什么样的车能当专车。半数人支持私家车当专车
	部分私家车在局部位置与局部时段提供出租服务，其实是对症下药
	数量不断增长的私家车存在着大量空驶情况：一边是拥挤到没有喘息空间的公共交通车辆，一边是过分宽松的私家车空间
	采用私家车合作租赁的轻资产模式，调动私家车的参与度
	鼓励私家车主通过他们的平台将闲置车源进行线上出租

表 5.19(续)

阶段	语料支撑
争论	新事物出现在信息时代的"聚光灯"下,自然会引发众多争议,其间好处是利弊尽显
	是适应还是排斥,是宽容还是禁止,成为摆在行业和政府面前的一个新课题
	再次强调了从事专车业务的车辆须有营运性资格,普通私家车不能直接接入服务
	在针对私家车能否从事专车运营中,赞同和反对意见基本持平
	交通部门无权做出"不得以私人小客车合乘或拼车名义提供运营服务"
	出租车是出租车,私家车是私家车,两车之间有一道不可逾越的壁垒
	禁止私家车等方式,彻底消灭了共享经济,做出了一个"高级版昂贵版出租车"
	但过于严格又会让私家车主无法进入该行业,希望私家车的"转型"门槛能放低
合法化	私人小客车的拥有权和使用权都是私人掌控的范畴,在不损害他人和社会利益的前提下,通过出让私人物品使用权获取一定酬劳合情、合理、合法
	私家车参与公共服务,在特定条件下很正常:FBI 的探员追拿逃犯,拦下谁的私家车,那车立马就充当公家车了
	我们应对非典、地震等灾害时,私家人、私家车、私家饭菜义无反顾参与公共服务,不应该吗?
	可以看看部分私家车经由网络共享转为公共交通的组成部分,对增加居民出行便利、减轻城市病、改善环境,究竟有没有积极影响
	在私家车使用成本高昂,公共交通拥堵不堪的背景下,对于投资人来说,汽车从私有到共享再到自动驾驶,是一条必经的路径
	私家车须按规定条件和程序转化为网约车方可开展服务
	在此基础上,放开了私家车加入运营,同时允许运营平台与司机签订更为灵活的劳动合同或协议
	鼓励私人小客车合乘
	通过利用闲置的私家车资源,提高汽车使用效率,有效缓解交通拥堵,助力空气污染和雾霾的治理,减轻地球环境负荷

表5.19(续)

阶段	语料支撑
嵌入	将来可拿出来共享的私家物件怕是多了去了
	共享汽车一定是未来的方向，它有助于缓解私人小汽车的保有量
	共享汽车取代私家车不无可能
	一定程度上缓解城市私人小汽车保有量快速增长趋势以及对道路和停车资源的占用
	有助于减少私人小汽车的拥有和使用以及提升整体客运体系的便捷性和效率
	私家车仅为家庭提供私人服务，分时租赁车辆为社会公众提供服务且以此营利，服务对象更加广泛
	另一位司机刘师傅的小巴也是私家车，而且在平台上能随时切换，不跑"小巴"了，还能继续跑"快车"

如表5.19所示，在中国移动出行汽车共享领域，制度逻辑演进的过程经历了妥协（新逻辑向旧逻辑妥协）、重构（新逻辑利用旧逻辑）、争论（新旧逻辑同化和相互影响）、合法化（之前不相容的逻辑融入新实践）、嵌入（杂糅的逻辑相互嵌入）五个阶段。

在第一阶段，新逻辑向旧逻辑妥协。在这一阶段，虽然私家车从事网约服务已经出现，但是受到了各方面的阻力。"私家车运营造成的隐患，民众对此也有诸多顾虑"公众媒体用代表民意的方式，表明这种新的制度形式的种种隐患，"但出租车司机则一边倒地反对私家车运营合法化"，"尤其是最近交通部部长的一句话——永远不许私家车进入专车"，"相关部门还将对私家车从事'专车'服务进行持续整治"公共媒体以代表民众、出租车司机、权威人士代表的交通部部长、相关部门等多个话语方来反对这一新的制度形式，显示旧制度逻辑在各个领域的权威，巩固旧的逻辑。"私家车做专车要罚1万""私家车接送乘客不合法""吸纳私家车其实一早就埋下了隐患"，在这个阶段新的制度逻辑不断向旧的制度逻辑妥协。

在第二个阶段，新逻辑利用旧逻辑。在这一阶段，新的制度逻辑没有采用激进的表达，而是开始利用旧逻辑。在旧逻辑可以接受的认知角度，寻找突破。"部分私家车在局部位置与局部时段提供出租服务，其实是对症下药"，这指出私家车提供出租服务是一种补充，是缓解交通和服务方面的很多痛症的药方而已。使用这样的话语表达比较能在旧逻辑主导的认知语境中被更多的人接受。"利用闲置的私家车在繁忙时段提供出租服务，也许会是增加供给而又不加重道路负担的一个选项，因为私家车在没有订单时，不会在道路上空驶"中指出，新的制度形式没有太多弊端，不会对就制度产生很多负面影响，私家车不会在无订单时空驶，不会加重道路负担，从而宽解各方行动者的顾虑。"全美有超过 2.5 亿辆私家车，这些车平均每天有 22 小时时间是闲置的"，私家车大部分闲置是一个一直存在的普遍现象，在公共认知体系里被认为是理所当然的，但在这里，通过对这种现象的报道，并且采用具有直观冲击力的数字（2.5 亿、22 小时）来进行叙事，极大地冲击了公共的认知体系，使各方行动者开始觉得普遍和长时间的闲置也许不再是一个正常的现象。新的逻辑利用旧的逻辑来重构各方的认知。"在 25~35 岁的私家车车主中，近 17% 的人可以接受出租自家车的分享形式"，这句话语指出，私家车的分享模式是可以被接受的，特别是可以被 25~35 岁的年轻人接受。年轻在公众的认知体系里普遍代表新事物，代表朝气，代表勇气和活力，与陈旧和腐朽截然相对。绝大部分的公众愿意保持年轻和活力，害怕衰落和苍老。使用这样的构建，进一步促进了各方行动者积极地开始接纳这种新的制度逻辑。因此，在这一阶段，新逻辑利用旧逻辑，进行了逻辑重构。

在第三阶段，新旧逻辑同化和相互影响。"在针对私家车能否从事专车运营中，赞同和反对意见基本持平"，这一阶段存在着广泛的争论，而且正反方的意见开始变得势均力敌，不再是第一阶段的妥协状态和第二阶段重构利用。"交通部门无权作'不得以私人小客车合乘或拼车名义提供运营服务'""禁止私家车等方式，彻底消灭了共享经济，做出了一个'高级版昂贵版出租车'""出租车是出租车，私家车是私家车，两车之间有一道不可逾越的壁垒""再次强调了从事专车业务的车辆须有营运性资格，普通私家车不能直接接入服务"，在这一阶段，新旧逻辑直接正面交锋，并在争论中相互影响，互相同化。一方面，公众逐渐开始接受私家车进行网约服务；另一方面，在各种制约条件上，又深受旧逻辑的影响。

在第四阶段，之前不相容的逻辑融入新实践。在这一阶段，新的制度形式已经开始逐步合法化。"私人小客车的拥有权和使用权都是私人掌控的范畴，在不损害他人和社会利益的前提下，通过出让私人物品使用权获取一定酬劳合情合理合法",新的公共话语认为,私人所有的物品,合理获取酬劳合情合理合法。合情合理合法从三个层面巩固了新制度的合法性,认知合法性确立。"私家车参与公共服务,在特定条件下很正常:FBI 的探员追拿逃犯,拦下谁的私家车,那车立马就充当公家车了""我们应对非典、地震等灾害时,私家人、私家车、私家饭菜义无反顾参与公共服务,不应该吗?"在这两句话中,叙述者拿私家车参与公共服务的极端案例,如协助警察办理案件、处理公共安全医疗和公共安全事件等作为隐喻,进一步巩固私家车进行公共服务的认知合法性。在"在私家车使用成本高昂,公共交通拥堵不堪的背景下,对于投资人来说,汽车从私有到共享再到自动驾驶,是一个必经的路径""通过利用闲置的私家车资源,提高汽车使用效率,有效缓解交通拥堵,助力空气污染和雾霾的治理,减轻地球环境负荷"这两句话中,叙述者指出私家车进行公共服务可以缓解交通拥堵,减轻空气污染,助力雾霾的治理,减轻地球环境负荷。通过对优势的列举,促进公众对新的制度形式的接纳,巩固合法化成果。

在第五阶段,杂糅的逻辑相互嵌入,开始产生更广泛的制度创业。"将来可拿出来共享的私家物件怕是多了去了""另一位司机刘师傅的小巴也是私家车,而且在平台上能随时切换,不跑'小巴'了,还能继续跑'快车'",共享的观念从私家车共享拓展到更多的私人物品,共享巴士等新的制度创业形式不断出现,新的制度逻辑嵌入到更多更深的领域中。"共享汽车取代私家车不无可能""共享汽车一定是未来的方向,它有助于缓解私人小汽车的保有量",在这一阶段,不再是私家车能不能进行公共服务的争议了,而是私家车彻底被共享汽车取代的问题。新的制度逻辑嵌入旧的制度逻辑中,进行了反向的颠覆。

6 结论与讨论

6.1 研究总结

6.1.1 研究问题

本书在梳理和借鉴已有研究的基础上，运用话语分析方法着重分析以下问题：制度逻辑一旦发生变化，就会产生新的分类，并改变现有分类的意义。那么：第一，中国 O2O 移动出行行业制度创业高速发展，其背后的制度逻辑如何变化？第二，中国普遍倡导的共享观念如何通过分类塑造个体行为主体的认知，从而影响认知合法性，推进制度变迁？第三，在观念制度变迁的视域下，中国 O2O 移动出行行业场域变革的进程怎样？笔者通过本书，分析和解释了以上问题。

6.1.2 研究发现

移动出行行业的制度创业背后存在着多元制度逻辑，并表现为明显的从家庭到共享的观念演化，正是这一主导核心逻辑的变化，带来了新的观念制度的产生，并产生了一系列的制度创业行为。共享观念实际上既是市场逻辑也是社区逻辑，是市场逻辑和社区逻辑在集体主义和社会主义的语境下的另一种表达。一方面，共享的核心意义是提高资源利用率，本质上与市场逻辑是相契合的。另一方面，分享是从家庭或内群体扩展到了社区或共同体，具有社区逻辑的属性。

中国移动出行行业制度创业的进程中，制度逻辑起了重要的作用。共享观念通过改变对社会分类和分层塑造个体行为主体的认知。

最初人类关于交通工具的分类范畴包括：

（1）根据交通工具是否常用（常见）分类

常见的交通工具有汽车、货车、公交车、自行车、火车、地铁、摩托车、飞机、轮船、电梯，不常见的交通工具有滑板、平衡车、轿子、马车、火箭。

（2）根据交通工具的速度分类

快速的交通工具有飞机和火箭等，中速的交通工具如火车、汽车、地铁、摩托车、轮船、电梯等、慢速的交通工具有自行车、滑板、平衡车、轿子、马车。

（3）根据驾驶和行进的方式分类

海上的交通工具有轮船、航母等，陆地上的交通工具有火车、汽车、地铁、摩托车、自行车、滑板、平衡车、轿子、马车等，空中的交通工具有火箭和飞机等。

（4）根据人们乘坐交通工具的姿势分类

人们搭乘火车、汽车和飞机可以坐着、站着、躺着，骑自行车多为坐着，乘坐电梯则多为站着。

在共享观念出现以后，新的社会分层和分类方法出现，词汇的内涵和外延发生了变化：

（1）根据是否可以共享分类

"共享"的制度观念改变了人们对社会的分类，塑造了行为主体的认知，以前没有把共享的概念运用到交通实践中，现在开始思考什么样的交通工具可以共享，如个人步行不可以共享，坐火车飞机目前仍不能共享，但是自行车、私家车、公交、巴士，甚至摩托车、滑板则可以共享。正是这一新的范畴和分类方式，改变了人们对于世界的认知，组织场域的行动者把大量的可共享的交通模式延伸出来，创造新的企业和新的商业模式，而作为组织场域行动者的消费者，因为接受了共享的概念，也积极产业到制度创业的实践中，于是，推动了中国O2O移动出行组织场域内一系列的制度变迁。

（2）私家车和出租车的分类方式发生了变化

之前，私家车只能用来个人使用，出租车具有公共出租的性质。现在私家车也可以用来运营，并收取费用，私家车的意义范畴发生了变化，产生了专车业务，快车业务和部分分时租赁业务。

（3）区分了免费共享和收益性共享

之前，顺风车是免费的，以助人为乐为目的。现在，顺风车类的共享有收益，产生私人小汽车合乘、顺风车（拼车）业务等。

（4）区分了运营车辆的状态是在巡游还是已预约

之前，出租车默认是巡游模式，大量城市出租车在空驶中寻找乘客。现在，可进行预约，实时定位，产生了巡游出租汽车和网络预约出租汽车的新区分方式。

通过对概念范畴变化的梳理，本书还厘清了制度逻辑影响下的中国移动出行制度创业场域变革的阶段。

从具体制度层面来看，在《网络预约出租汽车经营服务管理暂行办法》和《关于深化改革推进出租汽车行业健康发展的指导意见》（征求意见稿）发布前，中国的监管部门依然希望通过对旧的出租车行业进行技术方面的改进，如建立统一电召平台，完善网络约车技术及监管措施来实现，不接受私家车参与营收式运营这种新的共享收益逻辑。2016年7月，《网络预约出租汽车经营服务管理暂行办法》和《关于深化改革推进出租汽车行业健康发展的指导意见》（征求意见稿）正式宣布私家车可以在一定条件下进行营收性运营。"共享"的制度逻辑被逐渐接纳，私家车可以共享并取得收益，推动了P2P个人对个人的租车、分时租赁等共享模式的发展。随后各场域行动者逐渐接受了共享的制度逻辑，制度创业的进程逐步理顺，其中，共享汽车新政在汽车共享大面积出现之前已经正式敲定。快车、网约车经历了激烈的合法性的讨论，共享汽车则较为平稳地为大众接受，公共话语体系中的争议点也仅聚集在技术和安全方面。

从观念制度层面来看，制度逻辑演进的过程经历了妥协（新逻辑向旧逻辑妥协）、重构（新逻辑利用旧逻辑）、争论（新旧逻辑同化和相互影响）、合法化（之前不相容的逻辑融入新实践）、嵌入（杂糅的逻辑相互嵌入）五个阶段，如图6.1所示。

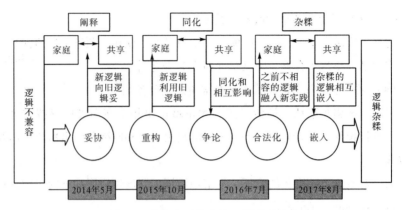

图6.1 从家庭到共享的逻辑变迁阶段

6.1.3 现实意义

移动出行行业方兴未艾，中国的移动出行行业迅速发展。中国大力发展"共享经济"，倡导利用社会的闲置资源，为更多有需要的人进行服务，在资源利用效率最大化的同时创造更多价值。在中国，出行成为共享经济发展最为活跃的领域之一。共享汽车、顺风车、网约车、分时租赁、共享巴士以及传统的经营性租车业务转型，这个行业正在经历着巨大的变革，发展的速度令人惊讶，这与中国庞大的人口数量和特殊的国情密不可分。新的行业发展需要相关的研究，对现有实践进行梳理，并对未来实践进行指导。本书详细梳理了中国移动出行行业的细分领域及其发展情况，具有很强的应用价值。此外，本书对制度的研究为制度制定者提供了参考。对于制度制定者而言，该研究有利于制度制定者及早发现新事物所需要的制度，提高新制度制定的效率。

6.1.4 方法论贡献

本书使用语言学话语分析的方法，提高了对管理学问题的解释力度。此外，本书自行建立了中国移动出行行业新闻话语的小型语料库，内容涵盖2013年年初至2017年年末来自中国120多家新闻媒体近60万字的新闻语料，为未来他人大规模的实证研究，提供语料和数据支撑，填补了在这一方面的空缺。

共享经济是O2O移动出行行业高速发展的宏观背景。学术界关于共享经济的研究主要是从社会学视角的一些视角展开，如文化的视角、生活风格运动的视角、草根社会创新的视角、社会区隔的视角、社会整合的视角以及治理模式的视角。本书采用语言学范畴化的视角，研究共享概念在中文中词汇范畴化的变化以及背后的制度逻辑变迁，具有研究视角上的创新性，对其他几种研究共享经济的社会学视角进行了补充。

本书探索了对制度逻辑研究的新方法。通过梳理，本书发现，话语分析是一个分析制度逻辑的有效的定性分析方法。因此，本书拟采用话语分析的方法对制度逻辑进行分析，深化对制度创业过程中制度逻辑的动态演进过程的理解，进一步完善和发展了话语与制度化理论。话语分析方法为管理研究提供新的分析思路和分析技术，会提高对组织现象的解释力度，促进新的管理理论的构建。例如，本书采用的互文性分析为研究者提供了检验某一话语与其他话语之间相互联系和溯源的研究工具。话语分析更是促进了批评管理学研究的发展。这些方法有利于研究者挖掘和揭示隐藏在管理现象背后的意识形态、权力结构和个人价值观念等，从而提高管理学研究对经验数据的阐释能力，进而提升管理学院研究的质量。使用这些方法进行管理研究也有重要的理论意义和应用价值。

6.1.5 理论贡献

本书通过研究制度逻辑如何通过分类塑造行为主体的认知，影响人们对新制度的认知合法性的理解，从而在制度逻辑、认知合法性和制度变迁之间架起了桥梁。通过梳理中国O2O移动出行行业领域制度创业过程中制度逻辑为行动者提供的不同动机和身份的词汇表，对相关的制度逻辑理论和范畴化理论进行了扩展和深化，填补了相关理论研究的空白。总体而言，本书的主要理论贡献包括：

（1）本书拓展了制度逻辑理论研究的内涵，进一步明确了制度逻辑通过分类塑造行为主体认知的具体模式。Thornton 等（2008）提出，制度逻辑影响行为主体行为存在四种机制。其中的一种机制是，社会分层和分类可以影响行为主体的认知，特定的制度逻辑和制度安排可以产生特定的分类方式。然而，Thornton 等的理论仅仅停留在设想的阶段，并没有进行具体的理论演绎和进一步的论证。本书通过引入语言学范畴化的有关理论，梳理中国移动共享出现行业的新的概念范畴和分类，并进行不同维度的语言学分析，对制度逻辑通过分层和分类影响行为主体认知的具体模式进行了详细的阐释。因此，本研究对于制度逻辑理论的研究进行了深化和拓展，构建了更为完善的制度逻辑影响机制理论体系。

（2）根据现有的理论，互文性反映了文本间人们对某一事物达成一致的情况或信息扩散的程度。认知合法性，则反映了行动主体关于社会实在的性质的共同理解。对"互文"现象的分析可以有效地确定概念或观点是如何在不同的个体、群体和社会层面以及时间维度上产生和演变的，以及该概念或观点是如何成为某种行为或行动的参考体系或驱动力的。本书发现，信息扩散化的程度影响认知合法性的达成。主体间对某一类属意义随时间变化达成一致的程度越强，新的类属最终确立的可能性越大，认知合法性越高，观念制度越容易建立。因而，对于制度创业者而言，想要获得制度创业的成功，应该促进观念制度的扩散，尽管在扩散的过程中会遭受非议，但非议本身依然会促进观念制度的建立。这一发现，丰富和发展了现有的制度创业理论，为制度创业者提供参考。比如，在政府在准备实施新政之前，通常通过网络媒体，释放正面和反面的政策信息，引发公众讨论和批评，最终颁布新政，这便是一次有效的尝试。诸如火车票实名制制度、生育政策等，均在广泛地扩散且正反意见交锋过后实施，获得了较好的认知合法性基础。

（3）本书探讨了中国制度环境的独有特征。西方产权理论主张私有产权，私有产权制度发展完善。中国的私有产权观念制度较西方薄弱，民众的产权意识不强。这种微弱的产权意识，很容易被共享文化关于共同产权或开放产权的观念替代，进而把分享从家庭或内群体扩展到了社区和共同体。因此在中国，共享观念很容易被大众接受，形成共同认知。而移动出行的制度创业更容易在中国获得成功。本书进行了中国语境的制度创业的独特叙事，也从理论上丰富和完善了现有的制度理论。中国制度环境具有独有的特征。相对于西方成熟市场经济国家，中国转型经济产生了较高的不确定年的制度环境，为企业提供了更加丰富和有望产生更大利益的制度创业机会。在制度创业已有研究中，对西方成熟市场经济研究得比较多，有关中国这样的转型经济的新兴场域情境化研究较少，中国正处在经济转型期，正在进行巨大的制度变革，加上中国独特的国情和文化背景，研究中国情境下的制度创业和制度逻辑的演化方式具有重要的意义。

6.2 研究的局限性与展望

6.2.1 局限性

本书通过研究制度逻辑如何通过分类塑造行为主体的认知，影响人们对新制度的认知合法性的理解，从而在制度逻辑、认知合法性和制度变迁之间架起了桥梁。本书通过梳理中国 O2O 移动出行行业领域制度创业过程中制度逻辑为行动者提供的动机和身份的不同词汇表的梳理，对相关的制度逻辑理论和范畴化理论进行了扩展和深化，填补了相关理论研究的空白，具有一定的实践意义。但是，由于本书所关注的理论前瞻性很强，问题复杂，再加上笔者能力和研究条件的局限性，本书也存在如下不足之处：

（1）本书虽然通过案例研究对中国移动出行行业进行了分析，但是分析仅从新的分类范畴入手，角度略显单一，由于篇幅的限制，分析得不够透彻。

（2）本书试图通过整合多学科的理论与方法，使用语言学理论和方法来分析管理问题，对制度逻辑和制度创业进程进行了一次实证研究，在理论层面和实践层面都试图进行一次突破，但也可能存在具体技术路线分析不够完善的风险。

6.2.2 展望

关于制度逻辑的研究，仍然是一个相对较新，又极具理论价值和现实意义的方向，值得学者们在今后的研究中进一步深入探讨。笔者认为，后续的研究可以在以下方面进一步展开：

（1）进一步进行理论验证与拓展。制度逻辑理论是一种自上而下的理论视角。现有的关于制度逻辑的研究大多通过案例研究探讨了制度逻辑的概念、制度逻辑对组织的影响和组织如何应对多重制度逻辑的挑战等相关议题，而缺乏对现有理论研究命题的验证。

（2）大样本的实证检验。目前关于制度逻辑的研究多为理论分析和案例研究，缺乏大样本的实证检验，亟须学者们运用大样本数据来检验目前已提出的概念框架和研究命题，并在此基础上不断丰富和拓展制度逻辑研究结论的适用范围和边界条件。

（3）关注新兴的实践应用场景。制度逻辑理论视角关注多重制度压力和充满冲突与矛盾的制度复杂性或制度多元主义。因此，对存在多重制度压力和制度复杂性的实践情景均有较好的指导作用。而目前的制度逻辑研究多关注西方经济体，对新兴经济国家的研究较为缺乏，而转型中的新兴经济体是制度逻辑研究的良好试验场。新的实践应用场景还包括，诸如跨国经营等各种关系错综复杂，政府和非政府组织、超国家组织、劳工和环保组织等多元行动主体的场景，也是制度逻辑研究的应用前景。

6.3　讨论

本书基于管理学、语言学等多个学科的视角，以中国移动出行研究对象，采用话语分析方法，对中国 120 多家新闻媒体近 60 万字的新闻语料进行分析，探究新的概念范畴背后隐藏的制度逻辑，探索观念制度的创业过程。

本书在已有的基础上进行了适度的创新。本书在语言学范畴化的理论基础上，梳理了中国移动出行行业新的概念词汇表，对新的概念词汇表进行词频、搭配、互文分析，在以定量为主的管理学研究中开辟新的研究方法，从语言学的角度分析了制度创业背后的制度逻辑，填补了这一领域的空白。

本书整合了多学科的理论与方法，在理论层面和实践层面试图进行一次突破，对制度逻辑进行了一次实证研究，具有一定的创新性，但是创新必然存在风险，这也是本书的不足之处。在理论层面，本书结合话语分析理论与制度逻辑和制度创业理论，研究中国移动出行行业背后的制度逻辑变迁，这是一次理论上的大胆尝试，理论探讨必然存在不够完善的地方。在实践层面，本研究以中国移动出行行业为研究对象，该行业正在高速发展中，新的现象不断涌现，因而本书可能会有一些不够完善的地方。在本书的基础上，笔者认为后续研究可以在理论的基础上更进一步，进一步完善话语分析与管理学结合的理论及更多话语分析方法在管理学的应用，推动管理学和语言学学科交叉的发展，提高对管理现象解释力度。在实践上可加强对中国移动出现制度创业其他方面的探讨，挖掘制度创业和制度逻辑研究的普适性价值。

总之，本书综合运用多学科的视角，进行了一次理论与实证分析的尝试。

回溯了的相关理论基础，阐释了中国移动出行行业制度创业背后的制度逻辑，界定了中国移动出行行业制度创业的场域进程。希望本书能为丰富制度逻辑和制度创业的研究做出微薄的贡献。

参考文献

辛斌，2000. 语篇互文性的语用分析［J］. 外语研究（3）：14-16.

文旭，2001. 认知语言学：诠释与思考［J］. 外国语（2）：29-36.

辛斌，2002. 批评性语篇分析方法论［J］. 外国语（6）：34-41.

陈嘉映，2003. 语言哲学［M］. 北京：北京大学出版社.

辛斌，2005. 批评语言学：理论与应用［M］. 上海：上海外语教育出版社.

王瑾，2005. 互文性［M］. 桂林：广西师范大学出版社.

韦森，2005. 言语行为与制度的生成［J］. 北京大学学报（哲学社会科学版）（6）：121-130.

王寅，2007. 认知语言学［M］，上海：上海外语教育出版社.

束定芳，2008. 认知语义学［M］. 上海：上海外语教育出版社.

尹珏林，任兵，2009. 组织场域的衰落，重现与制度创业：基于中国直销行业的案例研究［J］. 管理世界（S1）：13-26.

尹珏林，张玉利，2009. 制度创业的前沿研究与经典模型评介［J］. 经济理论与经济管理（9）：39-43.

周雪光，艾云，2010. 多重逻辑下的制度变迁：一个分析框架［J］. 中国社会科学（4）：132-150.

林泉，邓朝晖，朱彩荣，2010. 国有与民营企业使命陈述的对比研究［J］. 管理世界（9）：116-122.

理查德·斯科特，2010. 制度与组织：思想观念与物质利益［M］. 3 版. 姚伟，王黎芳，译，北京：中国人民大学出版社.

郭毅，王兴，章迪诚，等，2010. "红头文件"何以以言行事：中国国有企业改革文件研究（2000—2005）［J］. 管理世界（12）：74-89.

项国鹏，胡玉和，迟考勋，2011. 国外制度创业研究前沿探析与未来展望 [J]. 外国经济与管理（5）：1-8.

蔡莉，单标安，朱秀梅，等，2011. 创业研究回顾与资源视角下的研究框架构建：基于扎根思想编码与提炼 [J]. 管理世界（12）：160-169.

项国鹏，迟考勋，葛文霞，2012. 国外制度创业理论研究现状及未来展望：基于 SSCI（1988—2010）的文献计量分析 [J]. 科学学与科学技术管理，33（4）：105-113.

黄洁，2012. 国外认知语言学研究的最新动态 [J]. 现代外语，35（1）：87-110.

吕源，彭长桂，2012. 话语分析：开拓管理研究新视野 [J]. 管理世界（10）：157-171.

杨雪燕，2012. 系统功能语言学视角下的话语分析 [J]. 外语教学，33（2）：31-36.

黎常，2012. 企业家制度创业行为过程：基于吉利与绿源的案例分析 [J]. 技术经济（9）：25-30.

李天贤，2012. 认知框架视角下的语篇连贯研究 [D]. 杭州：浙江大学.

方世建，孙薇，2012. 制度创业：经典模型回顾，理论综合与研究展望 [J]. 外国经济与管理，34（8）：1-10.

辛斌，2012. 批评话语分析中的认知话语分析 [J]. 外语与外语教学（4）：1-5.

宋华，于亢亢，冯云霞，2013. 制度创业：制度压力和组织合法性间的桥梁：对特变的案例研究 [J]. 管理案例研究与评论（3）：165-177.

项国鹏，阳恩松，2013. 国外制度创业策略理论探析及未来展望 [J]. 科技进步与对策（13）：154-160.

辛斌，高小丽，2013. 批评话语分析：目标，方法与动态 [J]. 外语与外语教学（4）：1-5.

苏晓华，王科，2013. 转型经济中新兴组织场域的制度创业研究：以中国 VC/PE 行业为例 [J]. 中国工业经济（5）：148-160.

杜运周，尤树洋，2013. 制度逻辑与制度多元性研究前沿探析与未来研究展望 [J]. 外国经济与管理（12）：2-10.

田海龙，2013. 认知取向的批评话语分析：两种路径及其特征 [J]. 外语研究

（2）：1-7.

蔡莉，单标安，2013. 中国情境下的创业研究：回顾与展望 [J]. 管理世界（12）：160-169.

程聪，2013. 战略生态，制度创业和新创企业成长关系研究 [D]. 杭州：浙江工业大学.

黄碧晴，2013. 组织域结构，制度逻辑与战略选择的互动关系研究 [J]. 东方企业文化（14）：273.

李桔元，李鸿雁，2014. 批评话语分析研究最新进展及相关问题再思考 [J]. 外国语（上海外国语大学学报）（4）：88-96.

彭长桂，吕源，2014. 组织正当性的话语构建：谷歌和苹果框架策略的案例分析 [J]. 管理世界（2）：152-169.

陆丹云，2014. 作文个性化研究的学术现实和语境重构：积极话语分析的视角 [J]. 外语研究（3）：1-7.

苏郁锋，吴能全，周翔，2015. 企业协同演化视角的组织场域制度化研究：以互联网金融为例 [J]. 南开管理评论，18（5）：122-135.

徐二明，谢广营，2015. 互联网普惠金融发展趋向：一种制度性创业视角 [J]. 中国流通经济（7）：61-69.

薛坤坤，王凯，2015. 制度逻辑，金字塔结构与冗余雇员 [J]. 现代管理科学（12）：106-108.

程宣梅，陈侃翔，谢洪明，等，2015. 制度创业过程中的集体行动：基于动态竞争视角的合法性获取机制研究 [R]. 合肥：第十届（2015）中国管理学年会.

侯登华，2015. 网约车规制路径比较研究：兼评交通运输部《网络预约出租汽车经营服务管理暂行办法（征求意见稿）》[J]. 北京科技大学学报（社会科学版）（6）：96-103.

李雪灵，黄翔，申佳，等，2015. 制度创业文献回顾与展望：基于"六何"分析框架 [J]. 外国经济与管理，37（4）：3-14.

林宇，2015. "网约车合法化"引争议互联网冲击下出租车如何转型 [J]. 沪港经济（12）：38-41.

冯苏苇，蔡继明，2016. 网约车如何规范监管？[J]. 西部大开发（6）：120-121.

王静，2016. 中国网约车的监管困境及解决 [J]. 行政法学研究（2）：49-59.

彭长桂，吕源，2016. 制度如何选择：谷歌与苹果案例的话语分析 [J]. 管理世界（2）：149-169.

文金言，2016. 政府在分享经济中的作用 [J]. 中国信息界（2）：60-62.

项国鹏，黄玮，2016. 利益相关者视角下的制度创业过程研究 [J]. 科技进步与对策（2）：26-31.

邹伶媛，2016. 网约车合法化及其安全监管问题研究 [J]. 法制博览（23）：127-129.

张萌，2016. 交通运输部就"深化出租车改革与发展"答记者问 [J]. 运输经理世界（1）：14-15.

轩治峰，2017. 范畴化视阈下"车"英译策略研究 [J].，商丘职业技术学院学报，16（1）：49-78.

王宁，2017. 分享经济研究中的社会学分析视角 [J]. 学习与探索（8）：24-33.

AUSTIN J, 1962. How to do things with words [M]. Oxford：Oxford University Press.

WINTTGENSTEIN L, 1974. Tractatus logics-philosophicus [M]. New York：Routledge & Kegan Paul.

SAUSSURE F D, 1983. Course in general linguistics [M]. Oxford：Pergamon Press.

Weber, M, 1905. The protestant ethic and the spirit of capitalism [M]. Germany：Routledge.

ALFORD R R, Friedland, R, 1985. Powers of theory：Capitalism, the state and democracy [M]. Cambridge：Cambridge University Press.

SINGH J V, TUCKER D J, HOUSE R J, 1986. Organizational legitimacy and the liability of newness [J]. Administrative Science Quarterly, 2 (31)：171-193.

FAIRCLOUGH N, 1989. Language and power [M]. London：Longman.

LEBLEBICI H, SALANICK G R, COPAY A, et al., 1991. Institutional change and the transformation of interorganizational fields：An organizational history of the U. S. radio broadcasting industry [J]. Administrative Science Quarterly, 36 (3)：333-363.

OLIVER C, 1991. Strategic responses to institutional processes [J]. The Academy of

Management Review, 16 (1): 145-179.

FRIEDLAND R, ALFORD R R, 1991. Bringing society back in: Symbols, practices and institutional contradictions [M] //POWELL W W, DIMAGGIO P J.The New Institutionalism in Organizational Analysis. Chicago and London: The University of Chicago Press;232-263.

FAIRCLOUGH N, 1995. Critical discouse analysis: The critical study of language [M]. Boston: Addison Wesley.

SCOTT W R, CHRISTENSEN S, 1995. The institutional construction of organizations: International and longitudinal studies [M]. CA: Sage Publications.

SUCHMAN M C, 1995. Managing legitimacy: Strategic and institutional approaches [J]. Academy of Management Review, 3 (20): 571-610.

FLIGSTEIN N, 1997. Social skill and institutional theory [J]. American Behavioral Scientist, 40 (4): 397-415.

THORNTON P H, Ocasio, W, 1999. Institutional logics and the historical contingency of power in organizations: Executive succession in the higher education publishing industry [J]. American Journal of Sociology, 105 (3): 801-844.

TOMASELLO M, 1999. The cultural origins of human cognition [M]. Cambridge: Harvard University Press.

BECKERT J, 1999. Agency, entrepreneurs, and institutional change. The roie of strategic choice and institutionalized practices in organizations [J]. Organization Studies, 20 (5): 777-799.

CHIA R, 2000. Discourse analysis as organizational analysis [J]. Organization, 3 (7): 513-518.

ALVESSON M, DEETZ S, 2000. Doing critical management research [M] London: Sage Publications.

ALVESSON M, KARREMAN D, 2000. Varieties of discourse: On the study of organiztions through discourse analysis [J]. Human Relations (53): 1119-1125.

HERACLEOUS L, BARRETT M, 2001. Organizational change as discourse: Communicative actions and deep structures in the context of information technology implementation [J]. Academy of Management Journal (44): 55-778.

HARGADON A B, DOUGLAS Y, 2001. When innovations meet institutions: Edison and the design of the electric light [J]. Administrative Science Quarterly, 3 (46): 476-501.

AHLSTROM D, BRUTON G D, 2001. Learning from successful local private firms in china: Establishing legitimacy [J]. Academy of Manayement Executive, 4 (15): 72-83.

FAIRCLOUGH N, 2001. Language and power [M]. 2nd ed. London: Longman.

GREENWOOD R, SUDDABY R, HININGS C R, 2002. Theorizing change: The role of professional associations in the transformation of institutionalized fields [J]. Academy of Management Journal, 1 (45): 58-80.

ZIMMERMAN M A, ZEITZ G I, 2002. Beyond survival: Achieving new venture growth by building legitimacy [J]. Academy of Management Review, 3 (27): 414-431.

SEO M G, CREED W E D, 2002. Institutional contradictions, praxis, and institutional change: A dialectical perspective [J]. The Academy of Management Review, 27 (2): 222-247.

THORNTON P H, 2002. The rise of the corporation in a craft industry: Conflict and conformity in institutional logics [J]. Academy of Management Jounal, 45 (1): 81-101.

LAKOFF G, JOHNSEN M, 2003. Metaphors we live by [M]. London: The University of Chicago press.

FILLMORE C J, PETRUCK M R L, 2003. FrameNet glossary [J]. International Journal of Lexicography, 3 (16): 359-361.

MAGUIRE S, HARDY C, LAWRENCE T B, 2004. Institutional entrepreneurship in emerging fields: HIV/AIDS treatment advocacy in Canada [J]. Academy of Management Journal, 5 (47): 657-679.

AINSWORTH S, HARDY C, 2004. Discourse and identifies [M] //GRANT D, HARDY C., OSWICK C., et al. The sage handbook of organizational discourse. London: Sage Publications: 153-173.

PHILLIPS N, LAWRENCE T B, HARDY C, 2004. Discourse and institutions [J]. Academy of Management Review, 4 (29): 635-652.

THORNTON P H, 2004. Markets from culture: Institutional logics and organizational decisions in higher educational publishing [M]. Stanford: Stanford University Press.

BOJE D, OSWICK C, FORD J, 2004. Introduction to special topic forum: Language and organization: The doing of discourse [J]. Academy of Management Review, 29, 571-577.

CHENEY G, CHRISTENSEN L T, Conrad, C, et al, 2004. Corproate rhetoric as organizational discourse [M] //GRANT D, HARDY C., OSWICK C., et al. The Sage Handbook of Organizational Discourse. London: Sage Publications: 79-103.

BEDNAREK M A, 2005. Frame revisited the coherence-inducing function of frames [J]. Journal of Pragmatics, 37, 685-705.

DENZIN N K, LINCOLN Y S, 2005. The sage handbook of qualitative research [M]. 3rd ed. London: Sage Publications.

DORADO S, 2005. Institutional entrepreneurship, partaking, and convening [J]. Organization Studies, 26 (3): 385-414.

GLYNN M A, LOUNSBURY M, 2005. From the critics' corner: Logic blending [J]. Discursive Change and Authenticity in a Cultural Production System, 42 (5): 1031-1055.

SUDDABY R, GREENWOOD R, 2005. Rhetorical strategies of legitimacy [J]. Administrative Law Review, 35-67.

STREECK W, THELEN K, 2005. Beyond continuity: Institutional change in advanced political economies [M]. Oxford: Oxford University Press.

UNGERER F, SCHMID H J, 2006. An introduction to cognitive linguistics [M]. London: Routledge.

GREENWOOD R, SUDDABY R, 2006. Institutional entrepreneurship in mature fields: The big five accounting firms [J]. Academy of Management Journal, 1 (49): 27-48.

KHAN F R, MUNIR K A, WIIIMOTT H, 2007. A dark side of institutional entrepreneurship: soccer balls, child labour and postcolonial impoverishment [J]. Organization Studies, 28 (7): 1055-1077.

LEVY D, SCULLY M, 2007. The institutional entrepreneur as modern prince: The strategic face of power in contested fields [J]. Organization Studies, 28 (2): 971-991.

LOUNSBURY M, 2007. A tale of two cities: Competing logics and practice variation in the professionalizing of mutual funds [J]. Academy of Management Journal, 50 (2): 289-307.

MUTCH A, 2007. Reflexivity and the institutional entrepreneur: A historical exploration [J]. Organization Studies, 28 (7): 1123-1140.

WIJEN F, ANSARI S, 2007. Overcoming inaction through collective institutional entrepreneurship: Insights from regime theory [J]. Organization Studies, 28 (7): 1079-1100.

TINA D M, OLIVER C, ROY J P, 2007. The legitimacy of strategic alliances: An institutional perspective [J]. Strategic Management Journal, 2 (28): 169-187.

CHILD J, YUAN L, TSAI T, 2007. Institutional entrepreneurship in building and environmental protection system for the people's republic of china [J]. Organization Studies, 28 (7): 1013-1034.

JONES C, Livnetarandach, R, 2008. Designing a frame: Rhetorical strategies of architects [J]. Journal of Organizational Behavior, 29 (8): 1075-1099.

MANTERE S, VAARA, E, 2008. On the problem of participation in strategy: A critical discursive perspective [J]. Organization Science, 19 (2): 341-358.

MISANGYI V F, WEAVER G R, ELMS H, 2008. Ending corruption: The interplay among institutional logics, resources, and institutional entrepreneurs [J]. Academy of Management Review, 3 (33): 750-770.

NADKARNI S, BARR P S, 2008. Environmental context, managerial cognition and strategic action an integrated view [J]. Strategic Management Journal, 13 (29): 1395-1427.

THORNTON P H, Ocasio, W, 2008. Institutional logics [M]. London: Sage Publciations.

BATTILANA J, LECA B, BOXENBAUM E, 2009. How actors change institutions: Towards a theory of institutional entrepreneurship [J]. Academy of Management Annals, 3 (1): 65-107.

HIATT S R, SINE W D, TOLBERT P S, 2009. From pabst to pepsi: The deinstitutionalization of social practices and the creation of entrepreneurial opportunities [J] Administrative Science Quarterly, 54 (4): 635-667.

MAGUIRE S, HARDY C, 2009. Discourse and deinstitutionalization: The decline of

DDT [J]. Academy of Management Journal, 52 (1): 148-178.

KHAIRE M, WADHWANI R D, 2010. Changing landscapes: The construction of meaning and value in a new market category – modern Indian art [J]. Academy of Management Journal, 53 (6): 1281-1304.

BATTILANA J., DORADO S, 2010. Building sustainable hybrid organizations: The case of commercial microfinance organizations [J]. Academy of Management Journal, 53 (6): 1419-1440.

BOSTMAN R, ROGERS R, 2010. What's mine is yours: How collaborative consumption is changing the way we live [M]. London: Harper Collins Press.

DUNN M B, JONES C, 2010. Institutional logics and institutional pluralism: The contestation of care and science logics in medical education [J]. Administrative Science Quarterly, 55 (3): 114-149.

BOTSMAN R, ROGERS R, 2010. What's Mine Is Yours: The Rise of Collaborative Consumption [M]. New York: Harper Collins.

TRACEY P, PHILLIPS N, JARVIS O, 2011. Bridging institutional entrepreneurship and the creation of new organizational forms: A multilevel model [J]. Organization Science, 22 (1): 60-80.

WHORF K E, 2011. Language, thought and reality [M]. New York: Martino Fine Books.

STAL H, 2011. Examining the relationship between emerging and prevailing institutional logics in an early stage of institutional entrepreneurship [J]. Journal of Change Management, 11 (4): 421-443.

THORNTON P H, 2012. The institutional logics perspective: A new approach to culture, structure, and process [M]. London: Oxford University Press.

LEPOUTRE J M W N, VALENTE M, 2012. Fools breaking out: The role of symbolic and material immunity in explaining institutional nonconformity [J]. Academy of Management Journal, 55 (2): 285-313.

SOUITARIS V, ZERBINATI S, GRACE L, 2012. Which iron cage? Endo and exoisomorphism in corporate venture capital programs [J]. Academy of Management Journal, 55 (2): 477-505.

GREENMAN A, 2013. Everyday entrepreneurial action and cultural embeddedness: an institutional logics perspective [J]. Entrepreneurship & Regional Development, 25 (7-8): 631-653.

HALLIDAY M A K, 2013. Halliday's introduction to functional grammar [M]. London: Routledge.

JAY J, 2013. Navigating paradox as a mechanism of change and innovation in hybrid organizations [J]. Academy of Management Journal, 56 (1): 137-159.

MCGAUGHEY S L, 2013. Institutional entrepreneurship in North American lightning protection standards: Rhetorical history and unintended consequences of failure [J]. Business History, 55 (1): 73-97.

CORNELISSEN J P, Durand, R., Fiss P. C., et al, 2014. Putting communication front and center in institutional theory and analysis [J]. Academy of Management Review, 40 (1): 10-27.

JOSEPH J, OCASIO W, MCDONNELL M H, 2014. The structural elaboration of board independence: Executive power, institutional logics, and the adoption of ceo-only board structures in U. S. corporate governance [J]. Academy of Management Journal, 57 (6): 1834-1858.

OCASIO W, LOEWENSTEIN J, NIGAM A, 2014. How streams of communication reproduce and change institutional logics: The role of categories [J]. Academy of Management Review, 40 (1): 28-48.

HARMON D J, JR S E G, GOODNIGHT, G. T, 2015. A model of rhetorical legitimation-the structure of communication and cognition underlying institutional maintenance and change [J]. Academy of Management Review, 1 (40): 76-95.

LIU S B, 2015. Advertising greenness in China: A critical discourse analysis of the corporate online advertising discourse, Doctoral dissertation [D]. Edinburgh: University of Edinburgh.

HOEFER R L, GREEN S E, 2015. A rhetorical model of institutional decision making: The role of rhetoric in the formation and change of legitimacy judgments [J]. Academy of Management Review, 41 (1): 130-150.

SMETS M, JARZABKOWSKI P, BURKE G T, et al, 2015. Reinsurance trading in Lloyd's of London: Balancing conflicting-yet-complementary logics in practice [J]. Academy of Management Journal, 58 (3): 932-970.

YORK J G, HARGRAVE T J, PACHECO D F, 2016. Converging winds: Logic hybridization in the Colorado wind energy field [J]. Academy of Management Journal, 59 (2): 579-610.

GRANQVIST N, GUSTAFSSON R, 2016. Temporal institutional work [J]. Academy of Management Journal, 59 (3): 1009-1035.

附录 A　新闻语料主题及来源列表

附表 A.1　本书使用的新闻语料主题及来源（353 篇）

发布时间	来源	新闻标题
2013 年 3 月 6 日	赛迪网	传摇摇招车启动二轮融资打车应用成 VC 新宠
2013 年 3 月 16 日	南方都市报	生活新发现：滴滴打车 App 30 秒内就能收到回复
2013 年 3 月 26 日	DoNews	摇摇招车王炜建：做游戏思维驱动下的打车应用
2013 年 3 月 27 日	天下网商	"快的"打车：基于 LBS 的双赢尝试
2013 年 3 月 30 日	新闻晨报	打车软件跑马圈资本：1 年冒出近 30 款恐类团购
2013 年 4 月 1 日	IT 时报	手机打车软件三方冲突隐现：出租公司劝司机卸载
2013 年 4 月 10 日	北京商报	打车 App 爆红背后：教育市场之路还长
2013 年 4 月 12 日	上海商报	手机打车平台挑战现有电调系统
2013 年 4 月 12 日	浙江日报	"快的打车"引争议
2013 年 4 月 12 日	商业价值杂志	商业价值：打车应用是个好生意吗？
2013 年 4 月 16 日	上海商报	打车 App 处烧钱阶段部分软件用户数仅个位
2013 年 4 月 17 日	创事记	打车 App 商业模式：困境与展望
2013 年 4 月 18 日	第一财经日报	打车 App：现实需求的矛盾与机遇
2013 年 4 月 25 日	新浪科技	打车 App 生死时速：用扩张对抗政策加码
2013 年 4 月 25 日	新京报	评论：电话约车应向"打车 App"学学

发布时间	来源	新闻标题
2013 年 4 月 28 日	中国广播网	打车应用走入政策困境："加价叫车"或被叫停
2013 年 5 月 15 日	北京商报	打车软件恶意竞争抬头：涉嫌干涉用户选择权
2013 年 5 月 22 日	南方都市报	深圳勒令的哥删除手机打车软件
2013 年 5 月 23 日	第一财经日报	深圳限令卸载打车软件加价模式成争议焦点
2013 年 5 月 23 日	南方都市报	深圳市交委回应叫停打车软件：不成熟影响监管
2013 年 5 月 24 日	21 世纪经济报道	打车 App 暂停：监管变数下的资源消耗战
2013 年 5 月 24 日	大洋网—广州日报	打车软件被叫停的背后：多重利益博弈
2013 年 5 月 25 日	中国经营报	打车软件被叫停：出租公司动了政府的蛋糕?
2013 年 5 月 27 日	新京报	上海出租车禁用打车软件"加价"：查实将严处
2013 年 5 月 27 日	新浪创事记	打车 App 炮灰之旅：死在黎明前的黑夜
2013 年 5 月 27 日	新浪创事记	打车软件的法律问题及如何"自我救赎"
2013 年 5 月 27 日	新浪创事记	打车软件将撕破出租车牌照制度
2013 年 5 月 28 日	北京晚报	北京出租电召周六试行：App 阉割"打车加价"
2013 年 5 月 30 日	新快报	支付宝牵手"快的打车"布局移动支付
2013 年 5 月 31 日	南方都市报	打车 App 叫停：互联网改造传统行业路漫漫
2013 年 6 月 1 日	华夏时报	打车软件利益局：政府叫停网络巨头高调投资
2013 年 6 月 3 日	每日商报	打车软件异地叫停引发创业风险冷思考
2013 年 6 月 5 日	京华时报	北京官方手机打车软件月底推出是否收费未知
2013 年 6 月 7 日	新浪科技	纽约市为打车应用亮绿灯：市长称鼓励创新
2013 年 7 月 2 日	新京报	北京规定手机软件叫车每单收费 5 元
2013 年 7 月 3 日	新京报	手机打车软件生存样本调查：月投入百万推广
2013 年 7 月 3 日	人民网—人民日报	北京强制"叫车软件"绑定电召平台

发布时间	来源	新闻标题
2013 年 7 月 4 日	北京青年报	疑似官方打车软件现身市交通委否认
2013 年 7 月 5 日	解放日报	打车软件获得合法身份
2013 年 7 月 6 日	环球企业家	打车软件忧伤：风投催生白热化竞争
2013 年 7 月 8 日	中国产经新闻报	打车软件前景悬疑：竞争激烈政府管制
2013 年 7 月 8 日	第一财经日报	北京规定打车 App 需接入平台：获利渠道遭封堵
2013 年 7 月 8 日	第一财经日报	打车 App 获利渠道遭封：强制接入平台引争议
2013 年 7 月 11 日	北京青年报	打车软件下载量超百万：盈利至少还要两三年
2013 年 7 月 13 日	华夏时报	评论：给打车软件留下生长空间
2013 年 7 月 18 日	北京晨报	手机召车软件应对加价禁令：加价变身小费
2013 年 7 月 28 日	中国经营报	打车 App "生死劫"：政策和巨头双重威胁
2013 年 12 月 5 日	新浪科技	北京出租车大规模支持支付宝钱包付款
2013 年 10 月 28 日	四川在线—天府早报	打车 App 双寡头：快的滴滴占八成份额
2013 年 12 月 26 日	京华时报	滴滴打车下月入驻微信
2014 年 1 月 2 日	腾讯科技	滴滴打车获 1 亿美元融资中信产业基金领投
2014 年 1 月 22 日	金羊网—新快报	滴滴打车 PK 快的打车烧钱升级
2014 年 2 月 13 日	PingWest	Uber 宣布正式进入中国市场：接入支付宝
2014 年 2 月 26 日	金羊网—羊城快报	广东省称适当时候干预打车软件
2014 年 2 月 26 日	金羊网—羊城快报	打车软件掐架手机叫车或成订制习惯
2014 年 2 月 27 日	人民网—人民日报海外版	打车软件多赢格局如何健康持续
2014 年 2 月 27 日	人民网—人民日报海外版	打车应用 "烧钱" 大战为哪般
2014 年 2 月 27 日	新浪科技	快的打车将迁入阿里云服务平台
2014 年 2 月 27 日	金羊网—新快报	占打车软件便宜请切换至 "斗智斗勇" 模式
2014 年 2 月 27 日	金羊网—新快报	评论：管理打车软件政府的 "手" 要抓对地方

发布时间	来源	新闻标题
2014 年 2 月 28 日	第一财经日报	打车软件上海被"招安"烧钱补贴还会继续
2014 年 2 月 28 日	钱江晚报	上海禁用打车软件续：杭州或将建统一叫车平台
2014 年 2 月 28 日	文汇报	支付宝称扬招也可获返现
2014 年 2 月 28 日	人民网—人民日报海外版	打车软件，折腾了谁？
2014 年 2 月 28 日	法制日报	打车软件大战暴露相关法律边界不明晰
2014 年 2 月 28 日	北京青年报	北青报称打车软件烧钱战不会搞乱市场
2014 年 2 月 28 日	新华网	打车软件如何兼顾公平和效率？
2014 年 2 月 28 日	南京晨报	南京称暂不会对打车软件说不
2014 年 2 月 28 日	杭州日报	杭州开始整治打车软件：已有出租车公司禁用
2014 年 2 月 28 日	中国新闻网	打车软件大战或成强弩之末被招安或为最终命运
2014 年 2 月 28 日	南方都市报	上海高峰期禁用打车软件
2014 年 2 月 28 日	京华时报	上海打车软件将接入电调平台
2014 年 3 月 3 日	新浪科技	半数网友支持上海早晚高峰禁用打车软件
2014 年 3 月 10 日	IT 时报	部分的哥难舍补贴优惠依旧用手机 App 揽客
2014 年 3 月 11 日	东方早报	上海：出租车载客时将屏蔽接单功能
2014 年 3 月 11 日	南方日报	评论：打车软件被叫停焉知非福？
2014 年 3 月 12 日	新闻晨报	上海限用打车软件 10 天高峰时段事故率下降27%
2014 年 3 月 12 日	南方日报	滴滴等打车软件降补贴打车大战逐步降温
2014 年 3 月 21 日	北京日报	《城市出租汽车管理办法》今日起废止
2014 年 3 月 26 日	通信信息报	打车软件难治城市出行难盘活资源重在简政放权
2014 年 3 月 27 日	人民网	交通部：企业对打车软件给予补贴影响市场公平
2014 年 3 月 31 日	北京晨报	快的打车 COO 赵冬：我们为什么要烧钱？
2014 年 4 月 3 日	信息时报	快的打车公布一季度业绩：月营收近千万

发布时间	来源	新闻标题
2014 年 4 月 3 日	新浪科技	快的滴滴打车鏖战 Uber 隔岸观火
2014 年 5 月 17 日	南方日报	滴滴快的同日停止乘客补贴
2014 年 5 月 27 日	新浪科技	交通部拟规范打车软件：将统一接入和管理
2014 年 5 月 28 日	新浪科技	滴滴打车回应交通部意见稿：手机更适合叫车
2014 年 5 月 29 日	兰州晨报	"滴滴""快的"即将"被收编"？
2014 年 7 月 17 日	网易科技	滴滴快的回应交通部新政：打车软件获合法地位
2014 年 8 月 5 日	i 黑马	快的打车 COO 赵冬：补贴大战后我们凭什么赚钱？
2014 年 8 月 11 日	京华时报	打车软件取消司机端现金补贴改为任务奖励
2014 年 10 月 21 日	新浪科技	交通部规范出租车管理：电召爽约最高罚 200 元
2014 年 11 月 25 日	广州日报	微信"封杀"快的打车快的：腾讯"选择性开放"
2014 年 12 月 9 日	网易财经	滴滴快的宣布与 Lyft 等海外打车软件四方结盟
2014 年 12 月 11 日	中国经济网	"快的打车"移动支付上线一周年总交易额超 128 亿元
2014 年 12 月 25 日	东方网	快的打车推出一号专车企业版服务的士司机腹背受敌
2015 年 1 月 13 日	北京晚报	记者体验政府版约车电话叫车无人应约（组图）
2015 年 1 月 14 日	钱江晚报	私家车利用约车平台从事非法营运案件
2015 年 1 月 16 日	新华社	交通改革意见出台鼓励发展多样化约车服务
2015 年 1 月 19 日	北京晨报	快的打车宣布融资 6 亿美元
2015 年 1 月 23 日	中国新闻网	江苏交通厅厅长：有条件鼓励专车、约车依法运营
2015 年 1 月 26 日	经济观察网	滴滴公司将推出专车企业版对公业务涉及千万亿大市场

发布时间	来源	新闻标题
2015年1月26日	新华网	上海：互联网专车是未来方向但必须依法合规
2015年1月26日	IT时报	滴滴、快的否认向专车司机收取份子钱
2015年1月27日	TechWeb	北京市交通委：专车运营模式不合法
2015年1月27日	京华时报	西安查处首辆"专车"运营私家车
2015年2月2日	新浪科技	易观：快的打车Q4市场份额为56.5%滴滴43.3%
2015年2月6日	华尔街日报中文网	快的打车：与滴滴合并数周内完成未达反垄断申报标准
2015年2月15日	大洋网—广州日报	快的、滴滴打车情人节宣布在一起
2015年2月15日	南海网—海南日报	快的和滴滴宣布战略合并
2015年2月16日	法制晚报	约租私家车不妨合法化
2015年3月4日	中国企业家	快的打车CEO：长期补贴太愚蠢柳青非常优秀
2015年3月14日	腾讯科技	交通部为何禁止私家车接入专车？原因都在这
2015年3月16日	腾讯科技	互联网专车服务有行业标准了
2015年3月17日	新快报	四大因素致广州约租车公测"难产"
2015年3月23日	大河网	滴滴快的再砸10亿元补贴专车巨额补贴搅动市场
2015年3月27日	浙江在线	杭州运管约谈5大专车平台私家车做专车要罚1万
2015年4月8日	法制晚报	滴滴快的进军代驾领域
2015年5月5日	中国广播网	上海部分专车司机停止接单抗议快的滴滴合并待遇降低
2015年5月5日	证券时报网	e代驾D轮融资1亿美元迎战滴滴快的
2015年5月13日	中国新闻网	Uber负责人被成都交委约谈涉嫌组织私家车从事非法营运
2015年5月20日	证券日报—资本证券网	滴滴快的合并后再遇"强敌""零首付"强势搅局

发布时间	来源	新闻标题
2015 年 5 月 23 日	中国经济网	上海国有出租车调度中心将和滴滴快的打车系统对接
2015 年 5 月 25 日	四川在线—华西都市报	滴滴快的合并 100 天　砸 10 亿请国人打快车
2015 年 5 月 26 日	搜狐新闻	滴滴快的合并 100 天，下一步到底怎么走？
2015 年 6 月 1 日	新华网	上海出租汽车信息服务平台上线约租车试点方案将出台
2015 年 6 月 2 日	北京晨报	滴滴快的"顺风车"正式上线
2015 年 6 月 3 日	国际在线	北京交管部门约谈滴滴称专车、快车业务违法
2015 年 6 月 3 日	凤凰财经	胡释之：滴滴专车违的是部门利益法
2015 年 6 月 4 日	凤凰财经	北京约谈后滴滴宣布提前结束"免费坐快车"活动
2015 年 6 月 4 日	虎嗅网	滴滴搅局拼车：一场不合时宜的赌局
2015 年 6 月 5 日	新浪科技	国家专车新规月内出台车辆与平台均须运营资格
2015 年 6 月 11 日	中国新闻网	南昌官方约谈"专车"打车、租赁企业要求整改
2015 年 6 月 15 日	新浪科技	快的陈伟星：如何在三年时间做到公司市值百亿
2015 年 6 月 26 日	中国新闻网	滴滴 CEO 程维：过高补贴不利发展将致欺诈盛行
2015 年 6 月 29 日	中国新闻网	广州将进行出租车业改革推出"约租车"
2015 年 7 月 9 日	南方都市报	滴滴：做出行领域的"淘宝"
2015 年 7 月 15 日	凤凰科技	滴滴巴士 7 月 16 日正式上线首批支持北京和深圳
2015 年 7 月 24 日	中国经济网	8 部门约谈滴滴优步负责人称私家车从事客运服务违法
2014 年 7 月 28 日	腾讯科技	柳传志女儿柳青出任滴滴打车 COO
2015 年 7 月 30 日	广州日报	滴滴代驾正式上线首单免费计费方式：起步价+公里费

发布时间	来源	新闻标题
2015年8月1日	中国新闻网	交通部官员：发展网络约租车可缓解城市交通拥堵
2015年8月3日	凤凰科技	滴滴快的在上海推滴滴车站加大对出租车补贴
2015年8月6日	北京商报	滴滴凭什么要做出行市场的"淘宝"
2015年8月19日	西安晚报	App约车风险
2015年8月20日	新华日报	保监会发文警示App约车风险"私家专车"事故可拒赔
2015年8月31日	信息时报	广州将搭建官方约租车平台
2015年9月1日	新华网	滴滴快的CEO程维：以为滴滴快的合并是总决赛原来只是小组赛
2015年9月7日	新浪科技	独家：Uber CEO披露中国融资状况12亿美元到账
2015年9月8日	新浪科技	Uber拟扩大中国业务未来一年新增城市目标过百
2015年9月8日	新华网	网络约车甩客，专车面临"天价"罚款
2015年9月9日	新浪科技	Uber创始人：Uber中国每日成单量一百万
2015年9月9日	凤凰科技	滴滴出行入驻支付宝今日起可领红包
2015年9月9日	新华网	Uber将在中国100个城市拓展业务
2015年9月10日	新京报	滴滴快的确认完成30亿美元融资
2015年9月10日	京华时报	滴滴快的更名并完成30亿美元融资
2015年9月10日	北京商报	"滴滴出行"再获10亿美元融资转型生活O2O
2015年9月12日	新闻晨报	互联网约车面临选择难题
2015年9月16日	新浪科技	官方打车软件出炉：首汽约车试运行可开发票
2015年9月18日	新京报	首汽约车能否带动北京出租车变革
2015年9月18日	武汉晚报	软件约车后取消订单遭司机短信辱骂
2015年9月21日	东南网	福州本土打车软件"海峡约车"上线
2015年9月21日	人民日报	出租车公司推出网上约车

发布时间	来源	新闻标题
2015 年 10 月 8 日	中国证券网	滴滴快的获国内首张网络约租车平台经营牌照
2015 年 10 月 8 日	中国证券网	上海市交通委：神州租车也希望加入约租车平台
2015 年 10 月 9 日	新浪科技	首汽租车完成 1.2 亿美元 A 轮融资用于车队扩张
2015 年 10 月 9 日	光明网	滴滴获牌，约租车春天还远吗？
2015 年 10 月 10 日	新浪科技	交通部发布专车管理办法征求意见稿（附全文）
2015 年 10 月 10 日	中国新闻网	交通部：鼓励非盈利目的的汽车共享及拼车出行
2015 年 10 月 10 日	新浪科技	交通部出租车/专车指导意见：共六个部分 20 条
2015 年 10 月 10 日	界面	专车新政或致私家车主大量退出滴滴 Uber 受考验
2015 年 10 月 10 日	财经网	傅蔚冈：交通部专车新规扼杀了又一个"淘宝"
2015 年 10 月 10 日	新京报	交通部专车新规：纳入出租车管理实行许可制
2015 年 10 月 10 日	新浪科技	滴滴：关注网约车管理办法继续和主管部门沟通
2015 年 10 月 10 日	新浪科技	神州专车：对网约车管理办法表示欢迎
2015 年 10 月 10 日	新浪科技	优步：积极参与网约车管理办法制定过程
2015 年 10 月 10 日	新浪科技	易到用车：已和各大城市交通主管部门积极接触
2015 年 10 月 10 日	新华网	网络约车该堵还是该疏？聚焦"互联网+"时代出租车改革
2015 年 10 月 10 日	中国新闻网	约租车"上海模式"先行探路"私家车可运营"司机点赞
2015 年 10 月 10 日	澎拜新闻网	约租车法规求意见优步滴滴快的：继续和官方沟通

发布时间	来源	新闻标题
2015 年 10 月 10 日	新华网	网络约车经营服务管理暂行办法征意见（全文）
2015 年 10 月 11 日	人民网	调和新旧业态规范网络约车（政策解读）
2015 年 10 月 11 日	《财经》杂志	交通部专车新政征求意见专家称管理思维保守
2015 年 10 月 11 日	新浪科技	专车新规解读：规范市场滴滴优步受影响
2015 年 10 月 11 日	光明日报	上海发放首张网络约租车牌照
2015 年 10 月 12 日	新浪科技	首汽约车回应出租车新政：我们与规范一致
2015 年 10 月 12 日	福建日报	接纳网络约车是大势所趋
2015 年 10 月 13 日	新华网	出租车改革在即中国民众期待网络约车助推出行变革
2015 年 10 月 13 日	财新网	周其仁：专车创新要闯既得利益关
2015 年 10 月 14 日	国际在线	国外政府如何对待网约车
2015 年 10 月 14 日	国际在线	网约车三个行政许可有上位法依据
2015 年 10 月 14 日	山西新闻网	跃然青春与 P8 青春版共享绿色校园
2015 年 10 月 15 日	京华时报	交通部：网约车价格会合理回归低价是暂时的
2015 年 10 月 17 日	新浪财经	周其仁：治理网约车不要轻易立规矩弄黑一批人
2015 年 10 月 17 日	新浪财经	交通部官员自称脸上挂不住北大教授说了啥
2015 年 10 月 18 日	新浪财经	张维迎：管专车切忌与消费者为敌
2015 年 10 月 19 日	新浪科技	滴滴针对交通部新规提建议：给网约专车发展空间
2015 年 10 月 20 日	京华时报	滴滴出行建言"专车新政"
2015 年 10 月 20 日	新浪科技	滴滴出行推试驾业务：用户可在线约车上门试驾
2015 年 10 月 20 日	新华网	公共道路资源需公平使用专家热议交通运输部"约租车"新规
2015 年 10 月 20 日	中国经济网—经济日报	"共享经济"不能成"网约车"逃避监管的理由

发布时间	来源	新闻标题
2015 年 10 月 21 日	北京日报	乐视确认控股易到用车
2015 年 10 月 22 日	新浪科技	专家建议专车新规暂缓意见稿存重大缺陷需重制
2015 年 10 月 23 日	山西新闻网	易到用车成功完成 D 轮融资与乐视战略合作前景无限
2015 年 10 月 23 日	新浪科技	交通部官媒：网约车仍是出租车互联网只是手段
2015 年 10 月 23 日	新华日报	专家建言网络约租车新规"回炉"
2015 年 10 月 28 日	中国经济网	示好"专车新政"滴滴高调上保险
2015 年 10 月 28 日	北京晚报	软件约车没上车钱被扣了
2015 年 10 月 29 日	长城网	出租车新规："网约车"门槛高专车戴"紧箍咒"
2015 年 10 月 13 日	21 世纪经济报道	交通部出台出租车改革新规：网络专车纳入管理滴滴、Uber 等网络专车发展或将受限
2015 年 11 月 2 日	第一财经网	行业协会致函交通部：不能纵容网络约租车砸饭碗
2015 年 11 月 4 日	新华网	网约车征求意见一周倒计时三大博弈焦点或催生行业拐点
2015 年 11 月 4 日	凤凰财经	张国华："互联网+"下谈约租车不应停留在视力上而要用视野
2015 年 11 月 4 日	凤凰财经	杨芸：网约车的发展要让市场规律来定
2015 年 11 月 4 日	新浪财经	滴滴已获牌照专车司机为啥仍被抓？
2015 年 11 月 4 日	凤凰财经	张国华：在处理约租车问题上大量政府机构违法执法
2015 年 11 月 9 日	新浪新闻	今晚有话说：专车要从业资格吗？
2015 年 11 月 11 日	新快报	网约车究竟该怎么管？逾七成意见支持归为新业态
2015 年 11 月 15 日	新浪汽车	出租车新政存三大变数司机兼职成可能
2015 年 11 月 29 日	新华网	中国出租车改革征求意见三成以上聚焦网约车平台及车辆管理
2015 年 11 月 30 日	西安晚报	半数支持网约车登记为出租客运

发布时间	来源	新闻标题
2015 年 11 月 30 日	大河网	出租车改革征求意见网约车平台纳入管理呼声高
2015 年 11 月 30 日	中国经济网	出租车改革超三成意见聚焦网约车平台管理及车辆准入
2015 年 12 月 3 日	北京晨报	滴滴 15 个月织出全球最大专车网络
2015 年 12 月 4 日	国家信息中心信息化研究部	"红旗法案"不该在中国重演——"专车新政与共享经济发展"研讨会综述（二）
2015 年 12 月 8 日	界面	出租车司机围堵滴滴北京总部：反对奖罚机制
2015 年 12 月 12 日	新华网	围堵滴滴总部：出租车司机代表与滴滴谈了什么
2015 年 12 月 16 日	新浪科技	首汽约车获 2.2 亿元 A 轮融资
2015 年 12 月 17 日	信息时报	外地牌网约车应抓紧清理
2015 年 12 月 18 日	广州日报	网约车平台暂未清理外地专车
2015 年 12 月 20 日	中国经济网	记者体验约车软件：有司机为拿奖励不接远单
2015 年 12 月 28 日	中国经济网	易到用车沦为二线品牌活跃用户次月留存率垫底
2015 年 12 月 28 日	新浪财经	神州专车：做好移动出行市场的巨型"鲶鱼"
2016 年 1 月 12 日	北京商报	滴滴出行去年总订单破 14.3 亿
2016 年 1 月 12 日	羊城晚报	新华社呼吁：出租车改革别把乘客当羊宰
2016 年 2 月 18 日	华尔街见闻	Uber 有多烧钱？中国市场一年亏损 10 亿美元
2016 年 2 月 22 日	猎云网	Uber CEO 吐槽：同滴滴 1 年价格战损失了 10 亿美元
2016 年 3 月 7 日	国际金融报	易到用车启动国内上市计划
2016 年 3 月 9 日	东南网	专访易到用车卢汉：以整合效应优化用户体验
2016 年 4 月 10 日	中国经营报	传统出租杀入网络专车出行平台竞争越发激烈
2016 年 4 月 16 日	虎嗅网	北京滴滴 Uber 专车司机罢工街头调查

发布时间	来源	新闻标题
2016 年 4 月 28 日	虎嗅网	滴滴 Uber 之外，出行领域的创业公司们还有生存空间吗？
2016 年 4 月 28 日	北青网—北京青年报	合作滴滴出行上海出租车"试水"加盟专车平台
2016 年 5 月 13 日	新华网	苹果公司 10 亿美元战略投资滴滴出行
2016 年 5 月 13 日	腾讯财经	涉足互联网出行领域苹果 10 亿美元投资滴滴
2016 年 6 月 8 日	中国新闻网	持续充返＋再次降价易到用车日订单突破 80 万
2016 年 6 月 13 日	腾讯科技	滴滴出行宣布获中国人寿 6 亿美元战略投资
2016 年 6 月 20 日	腾讯科技	易到用车彭钢：滴滴 Uber 模式已做到极致，要靠差异化生存
2016 年 7 月 26 日	中央电视台	滴滴 Uber 价格涨三成补贴少了你还会打专车吗？
2016 年 7 月 28 日	中国政府网	《网络预约出租汽车经营服务管理暂行办法》公布
2016 年 7 月 28 日	人民日报	交通部：网约车获得合法地位 8 年报废年限取消
2016 年 7 月 28 日	央视网	交通部：为网约车量身定制监管模式有利于其健康发展
2016 年 7 月 28 日	中国网	交通部：明确将网约车车辆登记为预约出租客运
2016 年 7 月 28 日	中国新闻网	公安部：对网约车驾驶人设严格准入条件保障安全
2016 年 7 月 28 日	新华网	滴滴出行：将按网约车管理办法规范运营，更好服务亿万群众出行
2016 年 7 月 28 日	腾讯科技	滴滴出行：将按照《暂行办法》要求规范运营并申请相关许可证
2016 年 7 月 28 日	映象网	神州专车回应专车新政：将严格遵守网约车监管
2016 年 7 月 28 日	搜狐新闻	中国优步关于网络预约出租汽车管理暂行办法的声明

发布时间	来源	新闻标题
2016 年 7 月 29 日	新华网	聚焦出租车改革百姓四大关切"打车难"能不能缓解？
2016 年 7 月 29 日	中国证券报—中证网	专车新政让互联网+出行回到市场主导模式
2016 年 7 月 29 日	上海证券报	网约车终获合法身份用车市场回归有序
2016 年 7 月 29 日	证券时报	专车新政凶猛行业嬗变在即
2016 年 7 月 29 日	创事记	专车这个世界难题，中国为何能最先解决
2016 年 7 月 29 日	第一财经日报	网约车合法了定性"预约出租客运"
2016 年 7 月 29 日	中国青年报	网约车终获合法身份倒逼传统出租车转型
2016 年 7 月 29 日	第一财经日报	专车转正：兼职司机有望大量回归
2016 年 8 月 1 日	观察者网	滴滴 Uber 真的在一起了！滴滴宣布收购优步中国
2016 年 8 月 2 日	证券日报	滴滴优步宣布合并易到正面 PK 滴滴优步
2016 年 8 月 3 日	法治周末	必须申报！商务部"打脸"滴滴 Uber 中国合并
2016 年 8 月 19 日	新快报	滴滴出行取消司机端 20% 抽成
2016 年 8 月 25 日	读懂新三板	易到用车要来新三板：拟融资 40 亿估值 170 亿
2016 年 8 月 31 日	凤凰科技	滴滴同近 50 家出租车公司合作出租车也能接网约车单
2016 年 9 月 30 日	36 氪	滴滴 Uber 中国合并仅两月柳甄确认离职 Uber
2016 年 11 月 4 日	京华时报	北交大报告：网约车不是道路拥堵直接原因
2016 年 11 月 10 日	雷锋网	融合发展加速滴滴宣布与 150 多家出租车企业达成合作
2016 年 11 月 15 日	腾讯科技	滴滴出行与安飞士巴吉集团达成全球战略合作
2016 年 11 月 28 日	投资者报	网约车大洗牌易到周航在风波中颠簸
2016 年 11 月 30 日	新京报	易到用车因拖欠租赁费被起诉
2016 年 12 月 30 日	人民日报	京沪正式出台网约车细则

发布时间	来源	新闻标题
2017年1月4日	中国新闻网	滴滴出行：每天为207万司机提供超160元人均收入
2017年1月23日	国家信息中心	必须高度关注共享单车类创业项目的非理性繁荣——2017年1月份双创领域苗头性、倾向性、潜在性问题
2017年1月25日	中国青年报	滴滴取消阶段性"建议调度费"网约车价格到底谁说了算
2017年1月26日	新华网	厦门建成全国首个网约车监管平台十分钟完成从业资格审核
2017年1月26日	中国新闻网	中消协消费投诉榜网约车投诉成新热点
2017年2月4日	新浪科技	深度：网约车新政后的深圳专车俱乐部调查
2017年2月9日	南方日报	广东拟将网约车纳入出租汽车管理禁止外地网约车
2017年3月1日	证券日报	网约车进入B2C专车角力时代吉利美团借新政纷纷参战
2017年3月3日	华夏时报	两会声音：降低网约车准入门槛，取消司机户籍限制
2017年3月9日	大洋网—广州日报	滴滴宣布专车快车动态调价双重封顶
2017年3月13日	钛媒体	受乐视拖累易到资金链断裂拖欠七家供应商尾款
2017年3月20日	北京晚报	北京地区滴滴将停止向非京牌车辆派单三环内先停
2017年3月21日	新华社	滴滴逐步停止对北京非京牌网约车派单
2017年3月22日	北京晚报	"滴滴"停止对三环内非京车派单不少司机跳槽
2017年3月29日	中国新闻网	定了！4月1日前滴滴停止对北京地区非京牌车辆派单
2017年4月3日	央视网	后网约车时代：不拼广告补贴服务管理才是王道
2017年4月4日	新浪财经	地方网约车新政折射"深水区"改革困境
2017年4月7日	北京晨报	共享单车停放扰乱秩序定位技术有望规范乱停车

发布时间	来源	新闻标题
2017 年 4 月 19 日	北青网	易到用车宣称司机提现将 15 个工作日内到账
2017 年 4 月 20 日	雷帝触网	易到用车创始团队宣布正式离职
2017 年 4 月 24 日	新京报	非京牌网约车"回乡不赚钱"返京拉黑车
2017 年 4 月 25 日	新浪科技	北京交通委："京牌非京籍"网约车视为非法营运
2017 年 4 月 28 日	新浪科技	滴滴宣布完成超 55 亿美元融资估值或超 500 亿美元
2017 年 5 月 8 日	cnbeta 网站	易到用车获得网约车牌照贾跃亭：这是历史转折
2017 年 5 月 18 日	证券时报网	滴滴正式获北京网约车牌照
2017 年 5 月 23 日	交通运输部	《关于鼓励和规范互联网租赁自行车发展的指导意见（征求意见稿）》有关情况
2017 年 5 月 23 日	北京晨报网	共享单车：鼓励采用罚款方式规范停车——交通部发布"共享单车发展指导意见（征求意见稿）"
2017 年 5 月 24 日	南方都市报	滴滴企业版推"无忧管家""VIP 客服"增值服务
2017 年 5 月 24 日	南方日报	共享汽车，下一个独角兽行业?
2017 年 6 月 1 日	中国网	关于促进汽车租赁业健康发展的指导意见（全文）
2017 年 6 月 1 日	新华社	交通运输部回应共享汽车征求意见稿五大热点
2017 年 6 月 13 日	中国新闻网	神州专车获上海首张网约车牌照开启申城合法运营时代
2017 年 6 月 19 日	腾讯科技	滴滴优享服务 4 个月上线八城日订单峰值破 50 万
2017 年 6 月 27 日	新浪科技	柳青：中国网约车合法化了不起很快能全球使用滴滴
2017 年 6 月 28 日	钛媒体	柳青：未来十年，滴滴要成为全球最大的新能源汽车运营商
2017 年 6 月 29 日	经济参考报	网约车新政遇落地难：利益博弈待解地方存管理焦虑

发布时间	来源	新闻标题
2017年7月4日	新浪科技	易到：韬蕴资本已控股近期将全面调整运营战略
2017年7月5日	每日经济新闻	网约车平台中标公务出行浙江再立公车改革样本
2017年7月6日	南方都市报	阿里领投滴滴跟投ofo小黄车再获超7亿美元融资
2017年7月12日	消费日报	曹操专车即将上线广州，优质平价打破出行难
2017年7月17日	蓝鲸网	易到四位乐视系高管离职"去乐视化"进程加速
2017年7月20日	中国新闻网	易到回归后首个重磅年内星车主扩军至5万名
2017年7月21日	现代快报	南京网约车新政首日查扣15辆违规车
2017年7月22日	新华网	河北石家庄网约车新政：司机不开有效发票乘客可拒付车费
2017年7月27日	消费日报	曹操专车进驻营口，助力城市绿色低碳发展
2017年7月27日	南方都市报	网约车新政一年司机叹考证难：需要复习1 000多道题
2017年7月28日	人民日报	党报批网约车考试：真的知道"黄宗羲是哪朝的"吗？
2017年7月29日	人民日报	网约车新规发布1周年：已有19家平台获得经营许可
2017年7月28日	经济参考报	网约车新政实施一年调查：打车难打车贵重现？
2017年7月28日	证券日报	网约车新政落地满一年背后打车变难司机乘客都叫苦
2017年7月28日	第一财经网	滴滴优步是否垄断仍在胶着关键看商务部碰不碰VIE
2017年7月28日	央广网	网约车政策落地满周岁市场发生了哪些变化？
2017年7月28日	搜狐科技	网约车新政推出已满一年已为未来打下基础
2017年7月28日	和讯新闻	滴滴"述职"报告：网约车新政满一周年，我们还好

发布时间	来源	新闻标题
2017 年 7 月 28 日	人民网	网约车新规发布一年来 19 家平台获得经营许可
2017 年 7 月 29 日	北京日报	全国发放网约车驾驶员证 10 万本
2017 年 7 月 29 日	央广网	网约车新政实施一年盘点各国网约车生存境况
2017 年 7 月 29 日	中国网	交通运输部：建全国网约车监控平台将出租车改革进行到底
2017 年 7 月 30 日	澎湃新闻网	全国约 10 万网约车司机获合法身份，不到滴滴高峰段 0.6%
2017 年 8 月 3 日	央广网	交通部等 10 部门联合出台共享单车发展指导意见
2017 年 8 月 3 日	新疆晨报	共享单车新规来了！禁止向未满 12 岁的儿童提供服务
2017 年 8 月 3 日	中国新闻网	共享单车新规：鼓励采用免押金方式提供租赁服务
2017 年 8 月 3 日	中国交通运输部	《关于鼓励和规范互联网租赁自行车发展的指导意见》政策解读——访交通运输部运输服务司司长徐亚华；公安部交通管理局巡视员兼副局长李江平；住房城乡建设部城市管理监督局副局长王胜军；中国人民银行支付结算司副司长樊爽文
2017 年 8 月 4 日	新华网	共享单车新规，带来哪些变化？
2017 年 8 月 5 日	腾讯财经	共享单车新规发布！四家单车企业第一时间发声表态
2017 年 8 月 5 日	经济观察报	共享单车总量管控措施或出台小黄车和摩拜明天会如何？
2017 年 8 月 5 日	南方网	用电子围栏技术规范停车，摩拜在深推智能停车点
2017 年 8 月 8 日	中国交通新闻网	共享汽车新政发布：鼓励新能源车，鼓励信用模式代替押金
2017 年 8 月 8 日	新华网	促进小微型客车租赁健康发展指导意见发布鼓励分时租赁新业态
2017 年 8 月 8 日	上观新闻	"共享汽车"新规发布，哪些变化需注意？

发布时间	来源	新闻标题
2017 年 8 月 9 日	车质网	信用模式代替押金国家新政鼓励共享汽车发展
2017 年 8 月 9 日	21 世纪经济报道	共享汽车终迎政策筑底有望迎来爆发期
2017 年 8 月 9 日	南方都市报	南都评论：新政会让共享汽车迎来爆发吗?
2017 年 8 月 9 日	河南商报	共享汽车停车"硬伤"有望解决 看看这个新政

附录 B 核心词汇 Concordance plot 分析结果

六大意义类属中词频排位最高的 14 个核心词汇 Concordance plot 分析结果见附图 B. 1 至附图 B. 26。

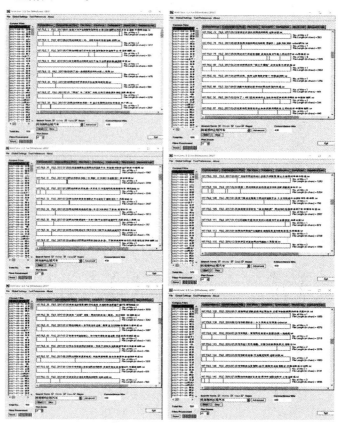

附图 B. 1 "网络预约出租汽车"在语料库中的 Concordance plot 分析结果 1

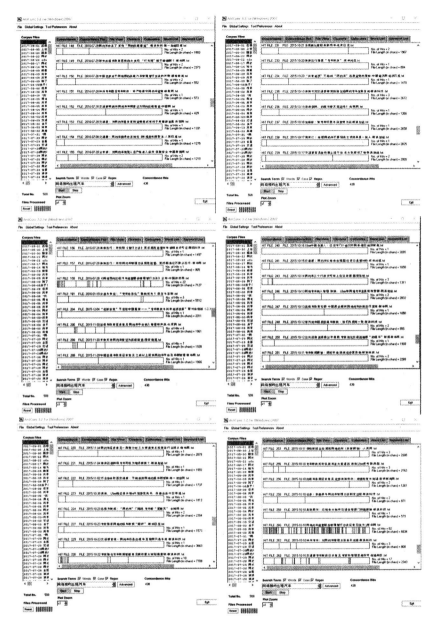

附图 B.2　"网络预约出租汽车"在语料库中的 Concordance plot 分析结果 2

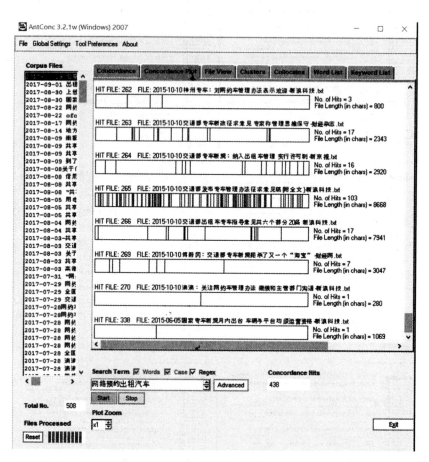

附图 B.3   "网络预约出租汽车"在语料库中的 Concordance plot 分析结果 3

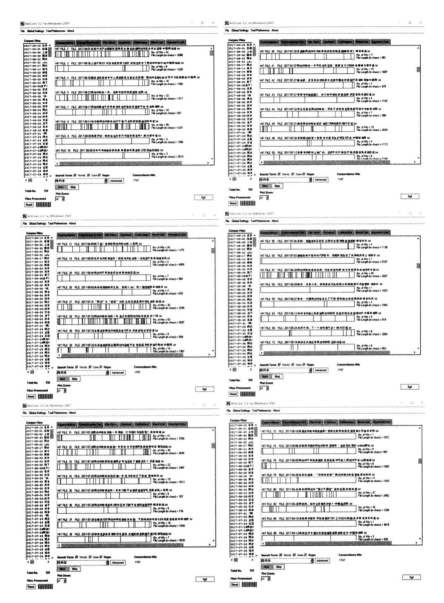

附图 B.4　"网约车"在语料库中的 Concordance plot 分析结果 1

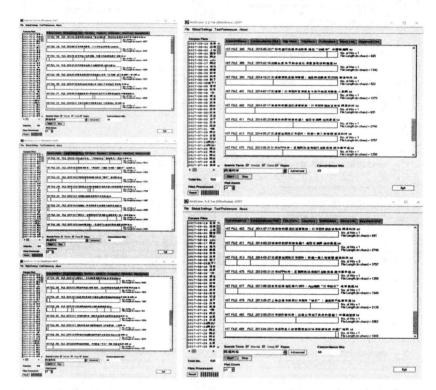

附图 B.5 "网约车"在语料库中的 Concordance plot 分析结果 2

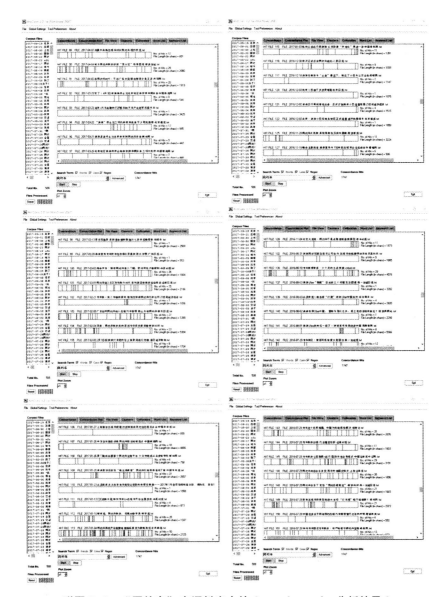

附图 B.6　"网约车"在语料库中的 Concordance plot 分析结果 3

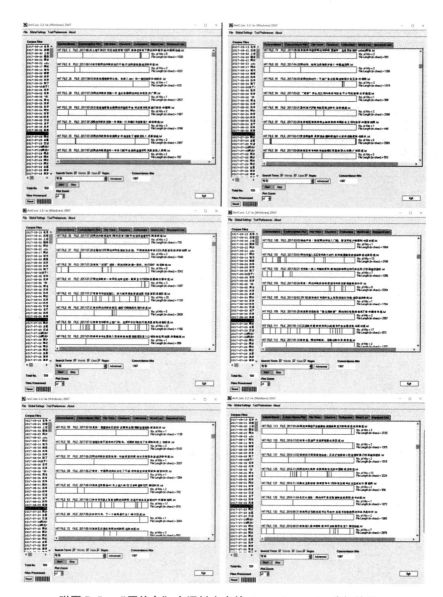

附图 B.7 "网约车"在语料库中的 Concordance plot 分析结果 4

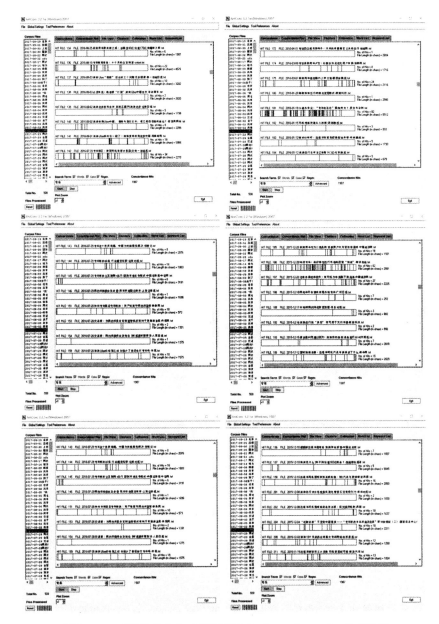

附图 B.8 "网络约车"在语料库中的 Concordance plot 分析结果

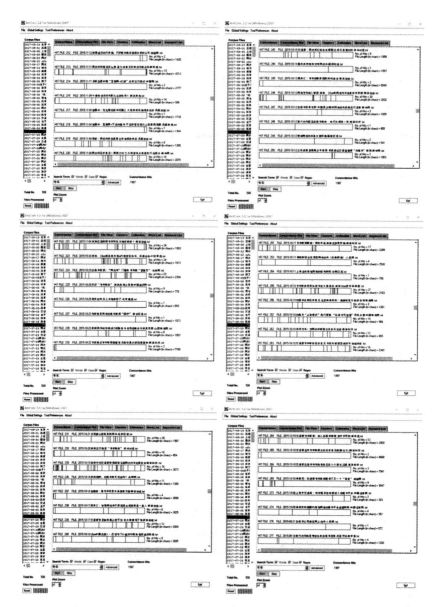

附图 B.9 "专车"在语料库中的 Concordance plot 分析结果 1

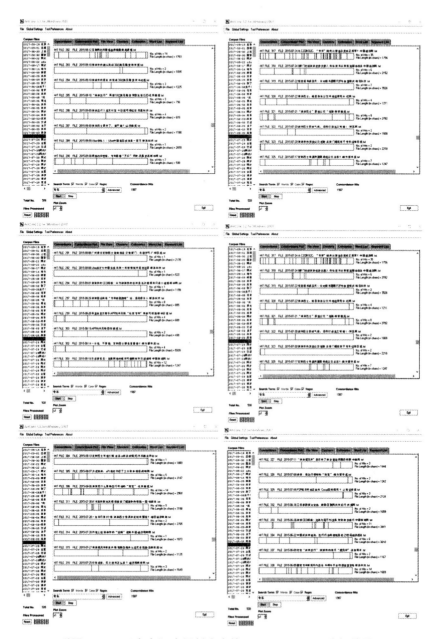

附图 B.10 "专车"在语料库中的 Concordance plot 分析结果 2

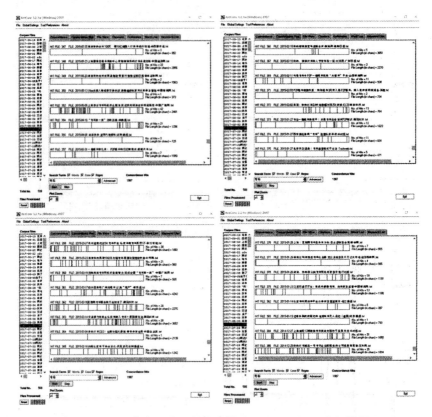

附图 B.11　"专车"在语料库中的 Concordance plot 分析结果 3

从家庭到共享——中国 O2O 移动出行行业制度创业研究

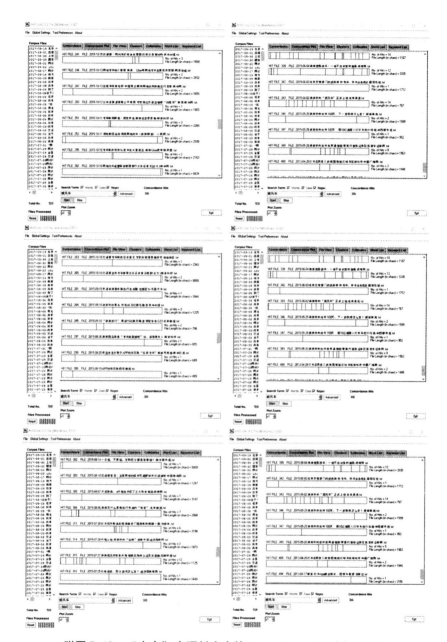

附图 B.12　"专车"在语料库中的 Concordance plot 分析结果 4

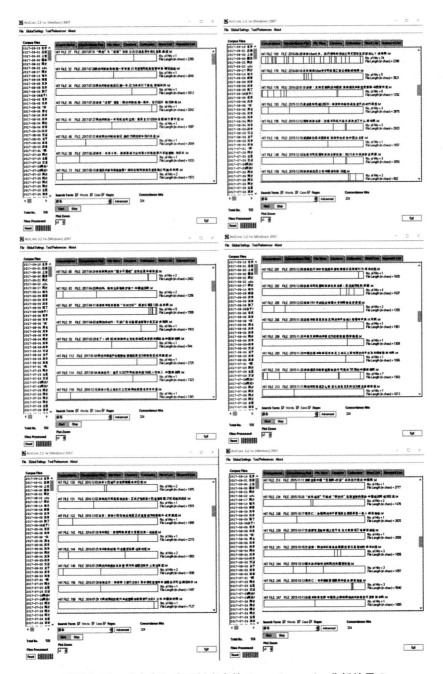

附图 B. 13　　"专车"在语料库中的 Concordance plot 分析结果 5

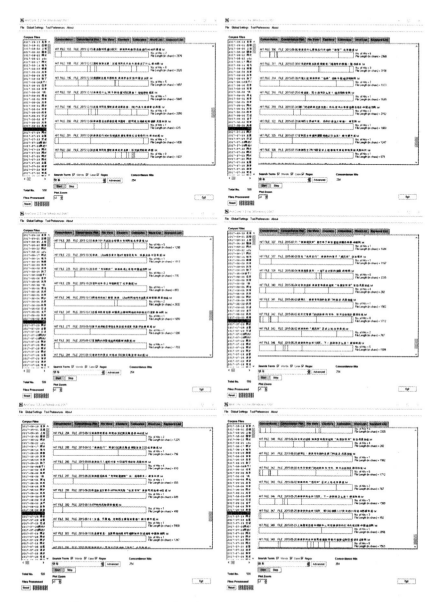

附图 B.14 "快车"在语料库中的 Concordance plot 分析结果 1

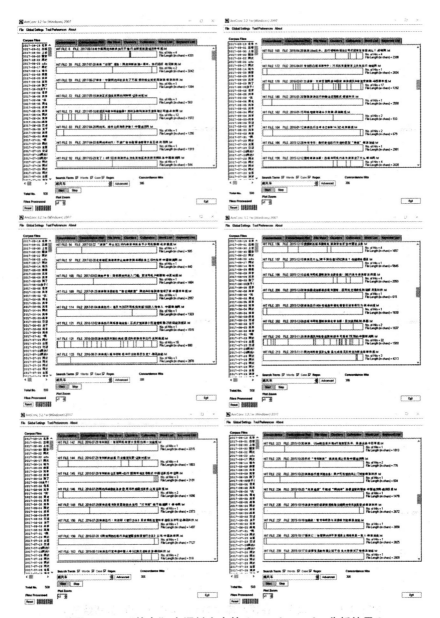

附图 B.15　"快车"在语料库中的 Concordance plot 分析结果 2

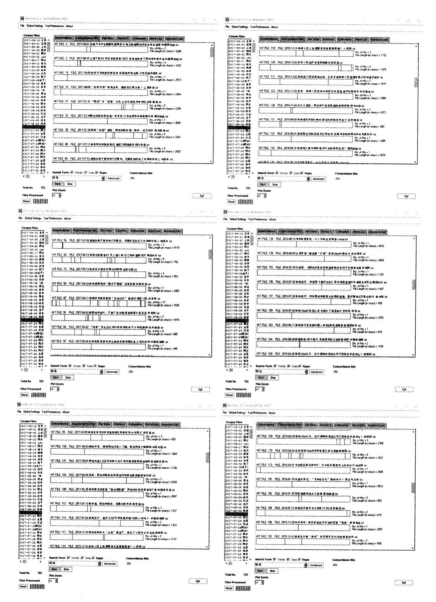

附图 B.16　"顺风车"在语料库中的 Concordance plot 分析结果 1

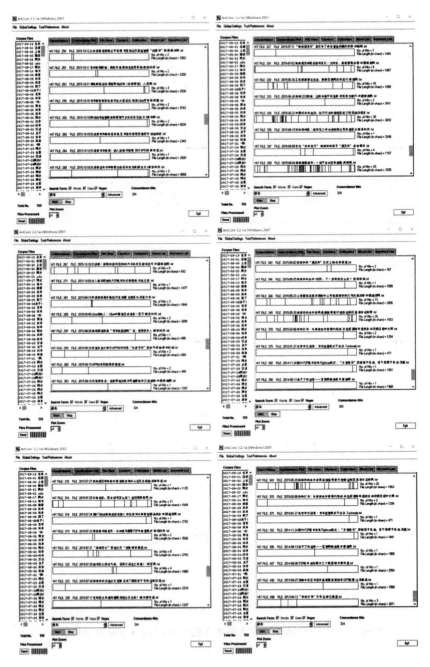

附图 B.17　"顺风车"在语料库中的 Concordance plot 分析结果 2

图 B-18 "拼车"在语料库中的 concordance plot 分析结果 1:

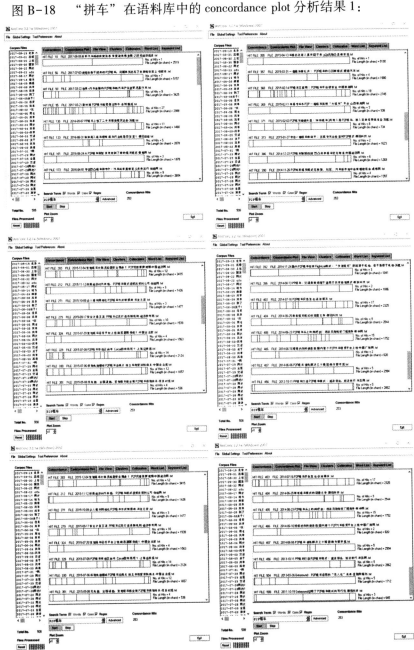

附图 B.20 "P2P 租车"在语料库中的 Concordance plot 分析结果

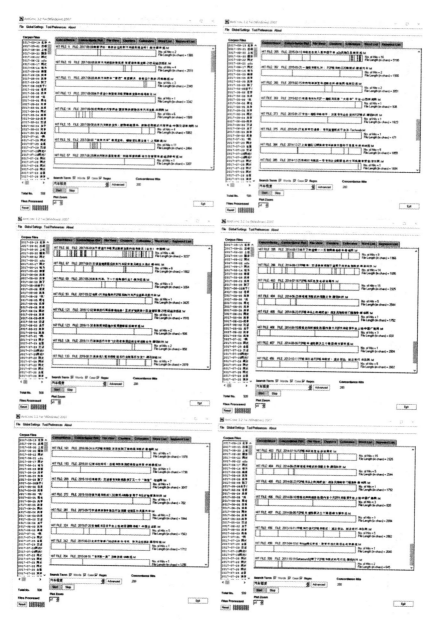

附图 B.21　"汽车租赁"在语料库中的 Concordance plot 分析结果

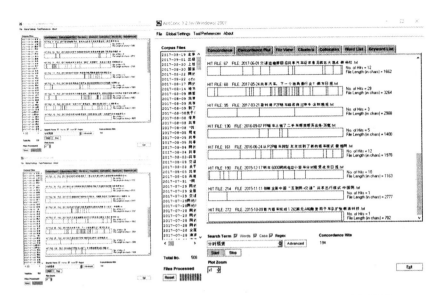

附图 B.22 "分时租赁"在语料库中的 Concordance plot 分析结果

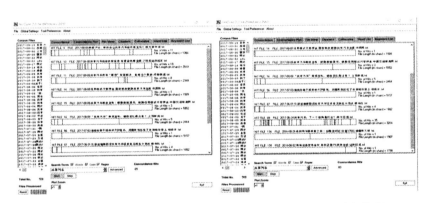

附图 B.23 "共享汽车"在语料库中的 Concordance plot 分析结果

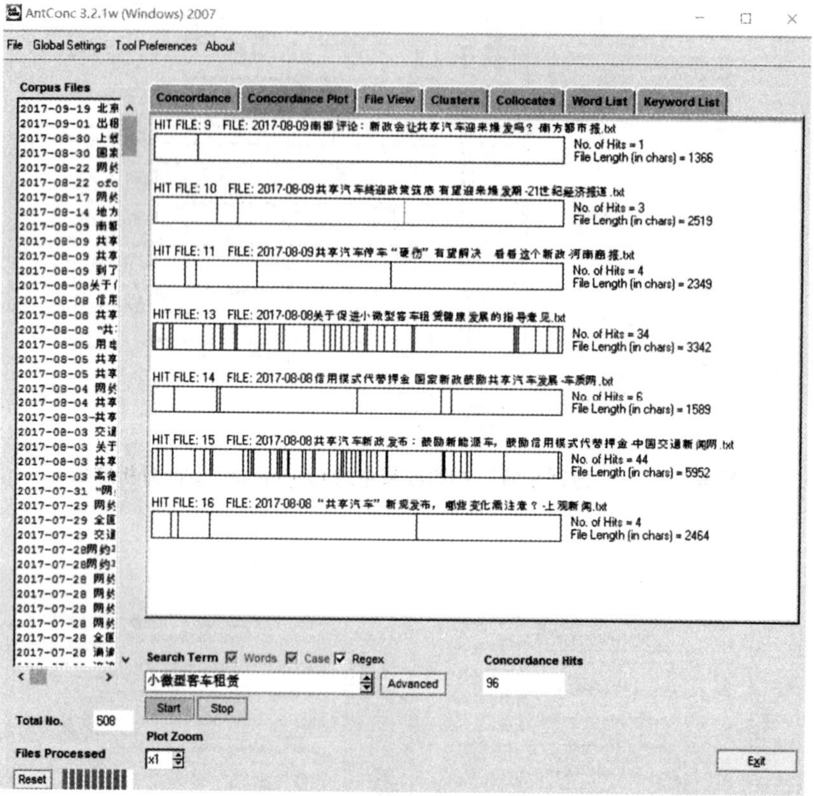

附图 B.24 "小微型客车租赁"在语料库中的 Concordance 检索结果

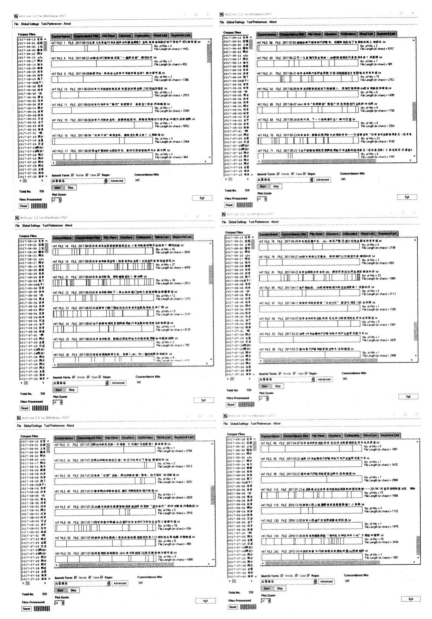

附图 B.25 "共享单车"在语料库中的 Concordance plot 分析结果

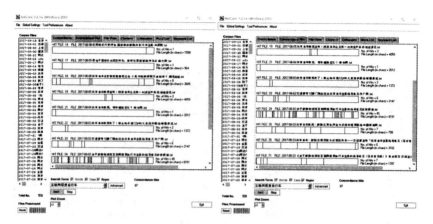

附图 B.26 "互联网租赁自行车"在语料库中的 Concordance plot 分析结果

后记

在我们生活的今天，共享，已经是深入人心的一个理念。我们习惯于骑着共享单车去地铁站；在手机快没电的时候，租一台共享充电宝悠闲地给手机充充电；在某一个暴雨来袭的午后，搜一搜附近有没有可用的共享雨伞……但是，您是否想过，曾几何时，这并不是我们生活的常态。共享制度从产生到发展经历了一段起起伏伏的认知历程。

这本书的主要内容，来自我博士期间的研究。当我再回头审视它时，已经是 3 年后的今天。我忍不住扪心自问：这是否意味着研究的内容已经有些过时，是否还有出版的意义？但当我坐下来静静地重新阅读时，发现那段富有历史性的描述，还熠熠生辉，刻有岁月的痕迹。于是，我内心充满了出版它的渴望。我无数次地设想，也许有一天，当我的孩子们长大了，她们也许会读到这本书，她们会跟我说"妈妈，您整理了一些东西，是可以供我们阅读的"。这样对我来说，也许就够了。我们都是历史的书写者。开卷有益，让我们一起重温这段对时代叙事的描写。

马静

2021 年 6 月